ここに立つために

26歳で大腸がんになったプロ野球選手

原口文仁

はじめに

26歳の冬に訪れた大きな試練と魔法のような日々――

1992年3月3日。

都心から電車で2時間ほどの距離にある埼玉県大里郡寄居町で、僕は生まれました。荒川の清流沿いを、春には満開の桜が、夏の夜には「寄居玉淀水天宮祭」の花火と万灯が華やかに彩ります。水と緑に包まれた町で、優しい両親と祖母、姉と妹に囲まれて育ちました。気が向いたときにふらりと帰ってくる猫たちも大切な家族でした。

何不自由なく、望むもののほとんどすべてを与えられ、野球とめぐり合って夢中で毎日を駆け抜けてきました。高校では野球の強豪校へ進ませてもらい、プロ野球の世界へと飛び込んで、なんとか一軍の舞台で戦うことができるようになっていきました。支えてくださる方々に甘えっぱなしで、立ち止まったり周囲を見渡したりすることも知らないまま、必死で野球人生での「成功」を目指していました。

しかし、26歳のある冬の日、突然「死」を意識させられます。

大腸がんが見つかったのです。

大きな試練であり危機でしたが、振り返ればすべてが魔法のようでした。体が癒えていく過程で僕は、周囲の方々へ深く感謝することを学び、最愛の人たちとともに今この瞬間を生きられる喜びを感じるようになっていきました。登っていきたい頂上ばかりを見ていて、転げ落ちる寸前だった僕の手を、多くの方々が握りしめて離さずにいてくれることに気が付くことができました。

僕が、立ち止まらざるを得なくなった日々から学ぶべきものを学び、「生きて野球をやれることの意味」を知ってグラウンドへと帰ると、その魔法はいくつもの最高の舞台を用意してくれて、ゆっくりと解けていきました。

僕には「使命」があります。
大腸がんの現実や早期発見の重要性を多くの方々へ伝えるとともに、自分の活躍によってほんの少しでも、同じ病気で苦しむ方の夢や希望となりたいのです。

野球選手の本ではありますが、野球だけに夢を見ていた一人の少年が、家族を持って、命のこと、世の中のことを次第に知っていくお話になっています。ぜひ、野球に興味がなかった方や、僕のことをご存じでなかった方にも手に取っていただき、読み進めていただければと願っています。

全編のほとんどで壁にぶつかっていて、読んでいて苦しい話も多いかもしれません。
それでも僕なりに、ケガや病気を通じて経験してきたことを、そのときの感情を一つひとつ思い出しながら振り返りました。感じたままの「野球をプレーできる喜び」「仕事ができるうれしさ」「生きていることのありがたさ」に、直接触れていただけたらうれしいです。

原口文仁

Contents

ここに立つために

26歳で大腸がんになったプロ野球選手

第4章　春が来て、そして

第5章　「ここに立つために」

第6章　がんになって見えた景色

原口文仁を知る人々
Side Story

編集協力／長友孝輔（サンケイスポーツ）
写真／原口文仁、office S.I.C、
長友春佳（カバー、185P、206P）、
ベースボール・マガジン社
校閲／中野聖己
装丁・デザイン／浅原拓也

第1章　僕が歩んできた道

僕も捕手になりたい

野球を始めたのは小学4年生のときでした。テレビで巨人戦を見るのが好きだったのですが、母に「野球をやってみたい！」と頼み込み、寄居ビクトリーズ（現・キングフィッシャーズ）というチームの練習に連れていってもらいました。大好きだったプロ野球選手は、大活躍していた阿部慎之助さん（巨人二軍監督）です。ものすごく自然に野球と巨人を好きになり、同時に捕手を志すようになっていきました。

親戚のおばさんにミットを買ってもらったまではよかったものの、チームの田中静雄代表（現・後援会会長）には、なかなか「キャッチャーをやりたいです」とは伝えられずにいました。そこで、またも母に登場してもらいます。恥ずかしがり屋だった僕はなんと、母を通じて田中代表に捕手を志願しました。まだまだ体も小さかったのですが、少しずつキャッチャーとして試合に出させてもらえるようになると、1学年上の先輩たちと県大会ベスト8まで勝ち上がります。優しくも厳しい指導者の方たち、さらには今でも仲良くさせてもらっている友と出会い、僕は野球というスポーツにどんどん魅了されていきました。

5年生の冬には、忘れられない出来事もありました。隣町の熊谷市のデパートで巨人の選手のサイン会があるという情報が飛び込んできたのです。来場するメンバーの中に〝あの選手〟の名前があるのも、僕は見逃しませんでした。すぐさま父に「行きたい！」とお願いして、親友にも「一緒に行こうよ！」と声をかけました。当日は、まだあたりが真っ暗の早朝に父が運転する車に乗り、開店時間のものすごく前から店の前に並んだ記憶があります。夢中でした。そうして、生まれて初めて面と向かって会うことができたプロ野球

小学5年生のときに参加したサイン会で阿部慎之助と握手をする原口。この日の感動は今も忘れない

選手も大好きな阿部慎之助さんとなりました。ホンモノの阿部さんはとにかく体が大きくて、握手した手も分厚くて、かっこよくて……。そのときの写真はいまでも、いつも持ち歩くタブレット端末の中に大切に保存しています。

当時はプロ野球を観戦するときも、父に東京ドームへ連れていってもらうことがほとんどでした。ただ、寄居からとなると頻繁に行くことはできません。何とかプロ野球を目に焼き付けてやろうと毎回必死でした。大人になって思い返せば本当にわがままで手がかかる子どもですが、僕が「試合前の練習から見たい」と言えば、父はいつも仕事に都合をつけて願いを叶えてくれました（この先も、どれだけ感謝しても足りないほど父や家族にはたくさん助けてもらうことになるので、これは本当に〝序章〟に過ぎないのですが……）。

東京ドームにはいつも開門前に着いていました。中日のチームバスがドームへ入っていくところで、どなたかは分かりませんでしたが選手が手を振り返してくれたのも印象に残っています。そんな思い出がたくさん詰まっているので、ライバル球団である阪神に入団したいまでも、個人的には東京ドームが「聖地」のような感覚がありま す。通路を通ってベンチ裏へ入っていくと、体が芯から震えてくるのです。僕が父と座るのはビジター側の席が多かったのですが、グラウンドに足を踏み入れ、あの真っ青なスタンドにグルッと包まれるたび、少年時代を思い出します。あのときの自分のような子が、どこからか見つめているかもしれないなと思えてきます。

家族に支えられた「帝京魂」

中学では寄居リトルシニア（現・深谷彩北リトルシニア）に入団しました。このときも母が賛成してくれたことで、野球に熱中できる環境に飛び込ませてもらいました。ただ、この3年間はずっと主に一塁手です。いまの自分にも通ずるところがあるのですが、野球を始めてからの僕にはいつも、簡単に試合に出させてはくれない、刺激しあえる良きライバルがいました。成長痛に苦しんだ時期でもありましたが、四番を打たせてもらうことも多く、とにかくチームを勝たせたいという一心で練習に明け暮れていました。いまでも常木正浩監督には「あまり目立つ選手ではなかったよな」と言われますが、中学3年の夏の世田谷西リトルシニアとの一戦で、そんな僕の前に道が開けることとなります。その試合でたまたま打ったホームランが、世田谷西リトルシニアの総監督だった蓬萊昭彦さん（元・西武）の印象に残ったそうで、蓬萊さんから帝京高の前田三夫監督に僕を推薦してくれたというのです。

とてもうれしい話でしたが、私立高校である上に、帝京高には寮がありません。両親に苦労をかけることは分かっていたので、悩みました。何度も何度も話し合ったと思います。最後はまたここでも両親が僕の思いを尊重してくれて、帝京高へ進むことに決めさせてもらいました。

今でこそお正月のテレビ番組に出演させていただき、共演させていただく大先輩のとんねるずの石橋貴明さんや1学年上の杉谷拳士さん（日本ハム）が「原口は寄居から帝京へ毎日通っていたんです！」と、とても面白くご紹介してくださってありがたい限りなのですが……。本当に自分で振り返ってもおかしく思えてしまうくらい遠かったのです。自宅から学校がある東京の板橋区まで通うには、どうやっても約2時間を要しました。自分自身が選んだ道なので「あのころは大変だった」と嘆くことも、苦労自慢をするつもりもありません。ただ、家族の支えなくしてあの日々はなかったということは、ここにしっかりと記しておきたいと思います。

僕が毎日乗るのは、最寄りの鉢形駅を朝の5時24分に出る東武東上線の始発でしたが、それでも「朝練」の開始には間に合いませんでした（そんな僕を受け入れてくださった前田監督、先輩方やチームメートには今でも感謝の思いしかありません）。どうにかしてレベルの高い野球に食らいついていこうと、とにかく必死でした。帝京高のユニフォームに袖を通して野球ができる喜びと、みんなで甲子園へ行きたいという夢のことしか頭にない毎日でした。

僕は父に「家に帰ってからも打ちたい」と、またわがままを言いました。すると父は、すぐに庭に防球ネットを張ってケージを作ってくれて、夜も使えるようにと電器店を営む知人を頼って6個もの水銀灯を灯してくれました。

　僕が帰宅するのは夜の11時過ぎでしたが、父はその時間から毎日練習に付き合ってくれました。「バッティング用のマシンを買うか？」とも聞いてくれましたが、何も深く考えていない僕は「いや、生きた球を打ちたい」と答えてしまいました。これで、余計に苦労をかけることとなります。まずはトスを上げてくれて、ティー打撃。そして、その後は僕の気が済むまで何百球も父が打撃投手を務めてくれました。肩が上がらなくなっても片方ずつを休めながら、途中からはなんと、右腕だけじゃなく左腕でも投げられるようになってくれました。

　妹もトスを上げてくれましたし、姉もネットの外側に張り付いて、僕が打つ様子を携帯電話で動画撮影してくれていました。ご近所にお住まいの方たちにも、金属バットの音で大変なご迷惑をおかけしたことと思います。でも、当時の僕はそこまで考えが及ばず、家族や周囲に支えられ、甘えて、そのまま午前2時ごろに倒れるように眠りに落ちていました。寒い時期には、ユニフォームを洗濯して乾かす作業が僕の出発までに間に合わなくなってしまうため、母と祖母は僕が寝てからもヒーターに当ててユニフォームを乾かしてくれていました。

目を覚ますと、母は僕よりも早く起きて朝食とお弁当を用意してくれていました。しかも、ただの〝おいしいお弁当〟ではありません。帝京高の野球部には代々「三合飯」という取り組みがあり、タッパーにいっぱいのご飯を詰めた弁当を持参しなければならなかったのです。前田監督の抜き打ちチェックが入り「野菜が少ない！」と指摘を受けてしまったこともありました。母にも本当に頭が上がりません。毎朝きれいなユニフォームと、たくさんのご飯とおかずを持たせて、まだ真っ暗な駅まで僕を車で送ってくれました。始発電車に揺られながら、母が握ってくれた朝食用のおにぎりを頬張りました。

確かに毎日の通学は長い道のりでした。ですが、僕は何も苦労していません。好きな野球にこんなにも打ち込ませてもらって、僕より幸せな高校球児はこの地球上のどこにもいないはずだと、いまでも思っています。

高校でも最初は捕手ではありませんでした。二塁、三塁、外野も守りましたが、いつか絶対に捕手に戻るんだという「根拠のない自信」で、ずっとキャッチャーミットを準備していました。1年生の冬になってようやくマスクをかぶれるようになり、必死で野球のことや投手のことを学んでいきました。

誰もがその名を知る強豪校ではありましたが、自分たちの代は特に、いいときばかりではありませんでした。2年秋には「あと1つ勝てば春のセンバツに出られる」というところで負けてしまい、その翌日から「冬練習」に突入しました。インターバル走にタイヤ引き……。それらをなんとか乗り越えたと思ったら、春の関東大会でも浦和学院高に敗れて、チームがバラバラになりそうな日もありました。3年夏の東東京大会も苦しい戦いの連続でしたが、最後は全員の思いが爆発して、決勝で都立雪谷高に勝利し、甲子園行きの切符をつかむことができました。

振り返ってみると、何もかもがうまくいってばかりの3年間を過ごしていたら、プロ入り後のさまざまな試練は乗り越えられなかったかもしれません。ケガをして思うようにプレーできなくなったときも、結果が出ない日々が続いたときにも「高校でのあの3年間は、自分にできることをすべてやり抜いたじゃないか」と、自然と自分自身に言い聞かせていました。

あこがれ続けていた甲子園の土を初めて踏んだのは、開会式のときでした。帝京高は、僕の2学年上の中村晃さん（ソフトバンク）の代では、春夏どちらも甲子園へ出場していました。実際に「聖地」と呼ばれる場所の土を踏んできたある先輩に、僕は「甲子園のグラウンド、どうでしたか？」と尋ねてみたことがありました。その答えは「えっ？　それはなぁ……行ってみないと分からないよ。入ったやつにしか分からない！」というものでした。

その言葉がなんだか悔しくて、ずっと胸に突き刺さっていたのですが、自分が入場行進をしたときに、あの大観衆と景色に包まれてみて分かりました。「スゴいな……この感覚か。これは説明できないや」と。開会式でも、試合でも「寄居のみんなもきっと必死で見てくれているんだろうな」と思いながらグラウンドに立っていました。

テレビでは、2学年下の「スーパー1年生」として伊藤拓郎（元・DeNA）や松本剛（日本ハム）が注目を集めて、よく特集されたりもしていました。ただ、2年生には山﨑康晃（DeNA）もいましたし、3年生の僕もいました（笑）。

2戦目（3回戦）の九州国際大学付属高との試合にサヨナラ勝ちした後には、極度の緊張から一気に開放されたせいか胃腸炎になってしまい、何日間か練習できない期間もあったほど激動の日々でした。ベスト8で大会を去ることになってしまいましたが、本当に悔いはありませんでした。後輩たちが泣いてくれていたことがグッときて特に心に残っていますが、僕自身としては高校野球をとにかくやり切った、とにかく3年間頑張ったな、というすっきりとした気持ちでした。それを家族や地元のみんなにも最高の形で見てもらうことができて、ただただうれしかったです。

その後、日米親善高校野球大会の日本代表にも選出していただき、全国制覇した中京大中京高の堂林翔太（広島）や、智弁和歌山高の岡田俊哉（中日）、そして明豊高の今宮健太（ソフトバンク）らとともにアメリカ・カリフォルニア州への遠征に参加

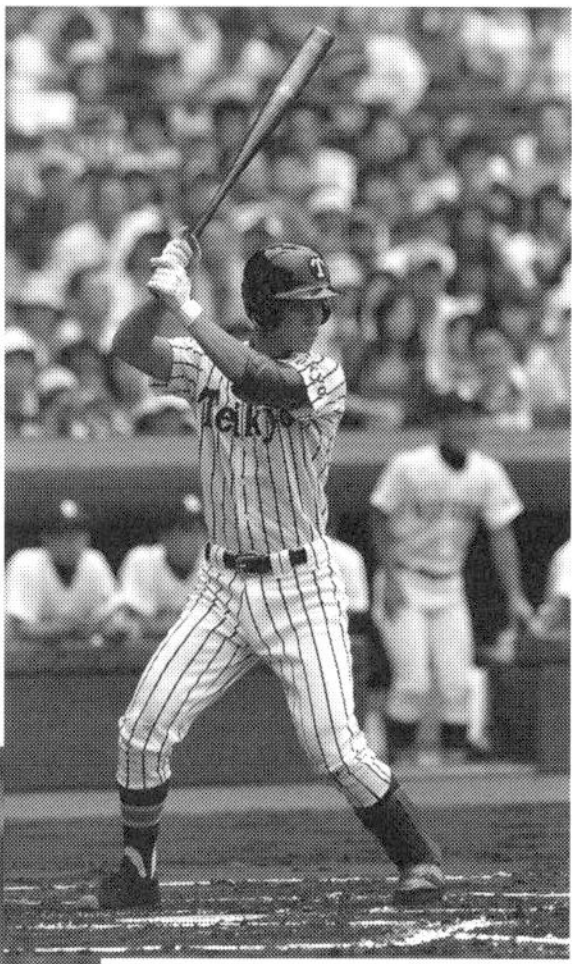

帝京高時代。強打の捕手として
甲子園の舞台でも輝きを放った

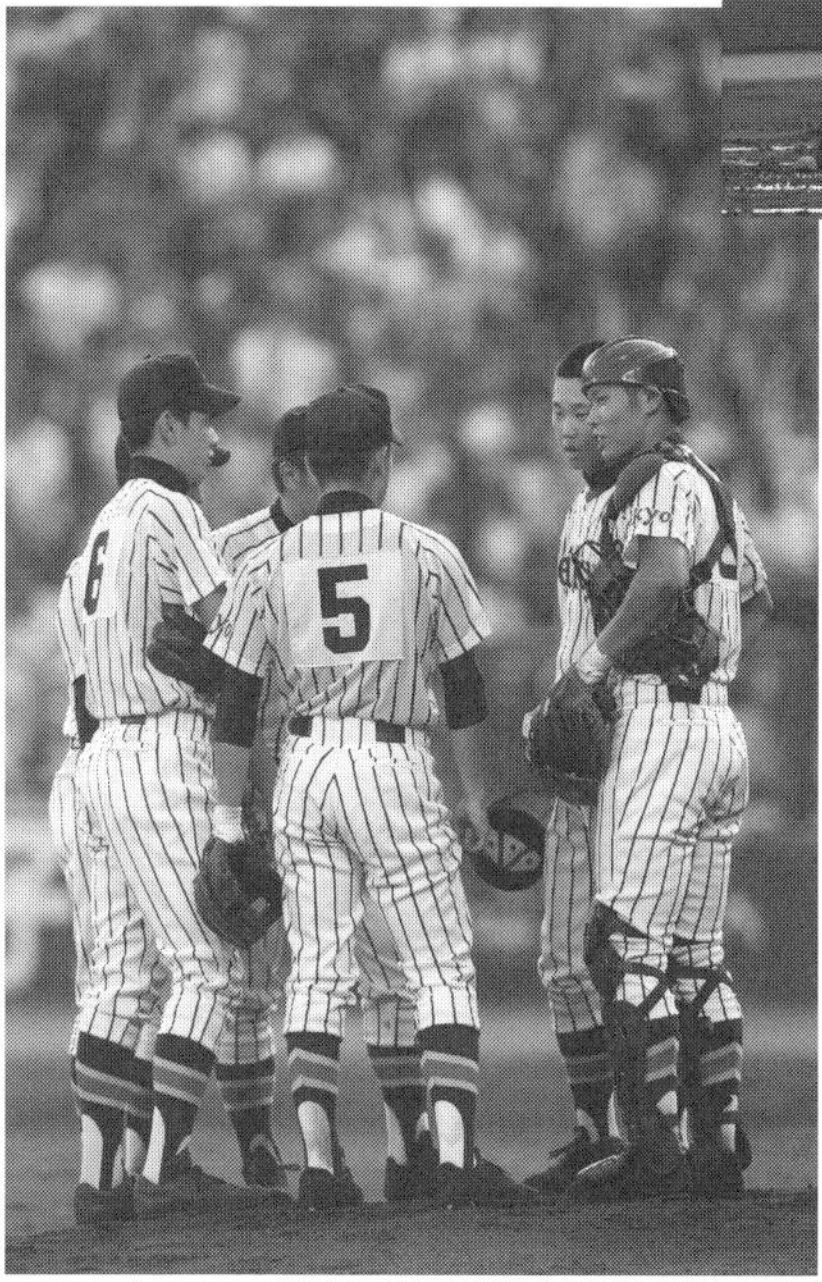

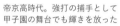

させてもらいました。世代のトップが顔を並べていた投手陣からもいろいろな話を聞くことができ、上のレベル、プロ野球というステージへのあこがれをさらに強くしていきました。

ドラフト6位で阪神へ

しばらくすると、次の決断をしなくてはならないタイミングがやってきました。ドラフト指名を待ち、プロ野球の世界へと進むのか。それとも、大学で野球を続けるのか。実際に声をかけていただいた学校もあったのですが、「この日までに決めてほしい」と言われていた期日は、あっという間に訪れてしまいました。

家を出るときは、両親に「大学へ行かせてくださいって、お願いしてくるね」と言って出発しました。ただ、なんと言っても僕には長い長い通学時間があります。考える時間が、家を出てからもたくさんあり過ぎたのかもしれません。いざ、前田監督の目の前に立つと、自分の口から「プロへ行きたいです」という言葉があふれ出ていました。監督も「分かった」と、ひと言でした。

家に帰り「プロに行きたいって、お願いしてきた」と打ち明けると、家族みんながひっくり返っていました。もちろん単なる思いつきだけで決めたわけではありません。当時の僕なりに必死で考えて、ここで夢が叶うのなら賭けてみたいという思いと、家族に早く恩返しをしたい、大学へ進んでまた大変な思いをさせるわけにはいかないという思いが、入り混じっていました。

迎えた09年10月29日。阪神タイガースからドラフト6位指名を受けることができました。後から聞いた話ですが、このときの僕の母は、指名されたことよりも前田監督から「文仁君は本当によく頑張りましたね」とお電話をいただいたことに、とても感激していたようです。ユニフォームの洗濯も、お弁当作りも、早朝に学校へと送り出すのも、日々ともに戦ってくれていたのだと思います。

僕のような、運動神経が特別いいわけでもなかった野球少年がプロ野球選手になる

希望を胸にプロ野球選手としてのキャリアをスタート。上段真ん中が原口

ことができたのは、周囲の方々に恵まれていたからに他なりません。前田監督をはじめとした恩師の方々、そしてチームメートも家族も、至らないところばかりの僕を常に真正面から受け止めて、支えて、背中を押し続けてくれました。僕はただ、そんな周りの方たちのためにも「一度決めたことは絶対にやり抜くんだ」と思い続けてきただけでした。

この時期に、僕は最愛の人と出会いました。地元・寄居町の野球教室に参加した際に出会った、1学年下の女性にひとめぼれしてしまったのです。本来であればこんなことまで書くのはお恥ずかしいのですが……。彼女の存在がなければ、この先の僕は、何度も訪れる試練に打ちのめされていたはずなので、ここでご紹介しておかなければ話がまとまらなくなってきてしまいます。

彼女の従弟がその日の野球教室に参加していて、送り迎えで会場に居合わせただけだったそうなのですが、僕はその場で猛アタックしました。そして、09年の冬から交際を始めます。この人が、のちに妻となる女性です。

遠くにかすむ甲子園

10年の年が明けると、すぐに阪神の寮に入る日がやってきました。家族の元を離れるのも、関西での生活も初めてでしたが、朝から晩まで野球に打ち込むことができる環境が、とにかくうれしくてたまりませんでした。
ルーキーだった1年目は、二軍での出場も9試合にとどまりました。とにかく覚えることも多くて、プロの練習、プロの投手が投げるボールについていくことに必死の毎日でした。

2年目には二軍で48試合に出場することができ、大先輩ともバッテリーを組ませていただくことができました。下柳剛さんです。ボールに込める意図などを一球一球、丁寧に教えていただきました。同じ球種でも次はこのコース、ここは高さを変えるんだぞ……と。実戦で組みながら、結果も踏まえて、本当に手取り足取りで伝えていいた

プロ2年目。人との出会いにも恵まれながら
懸命に白球を追いかけた

だきました。ご一緒できたのはわずかな時間ではありましたが、プロのキャッチャーとしてのあり方や必要な知識を教えていただき、いまでもすべてが生きています。感謝してもしきれない、貴重な経験をさせていただきました。

そして、3年目となった12年から、思うようにいかない日々へ入っていきます。この年は、1月に城島健司さん（現・ソフトバンク会長付特別アドバイザー）、（藤川）俊介さんから誘っていただいた佐世保での自主トレから踏み出し「自分も一軍で結果を」と、決意を胸に臨んでいたシーズンでした。ですが、3月のある試合後に内野ノックを受けていた際に張りを感じて以来、腰に起き上がれないほどの痛みを感じるようになり、プレーすることもままならなくなってしまったのです。

医師の診断は「椎間板性腰痛」というものでした。中学生のころに悩まされた成長痛のような症状でもあったのかもしれません。プロに入ってからも身長が179センチから182センチに伸びていました。そのまま、その年の暮れに育成枠となります。背番号も「52」から「124」に変わりました。腰の状態は一進一退で、とにかくこまめなストレッチは欠かさずに、しっかりとケアをすることで症状を抑え込んでいくしかありませんでした。

翌13年の4月には、死球で左手を骨折してしまいました。ようやくグラウンドに立てる、と思った矢先ではありましたが、とにかく前を向いてやっていくしかないと自分に言い聞かせました。
せっかく一軍に呼ばれたのに寝坊して遅刻する、というおかしな夢を見たこともありました。同期入団で同学年のアキ（秋山拓巳）が甲子園で投げると聞けば、こっそりとスタンド最上段の席に陣取って、現地で観戦したこともありました。「いつか自分もここで……」と、もちろん思い続けてはいましたが、阪神へ入ったのに、このころの僕にとっての甲子園は、夢の向こうに遠くかすんでいました。

14年秋には、宮崎で行われたフェニックス・リーグで右肩を負傷してしまいます。急きょ向走者として、けん制で帰塁しようとした際に〝突いて〟しまった形でした。急きょ向かった病院で医師から「関節唇を痛めている」と告げられたときには、正直、頭が真っ白になりました。そんな中でも、「手術をしなくてもまた投げられるようになる」と教えてくださった別の病院の医師の方がいらしたので、すがりつく思いで、その方の元へと通いました。何とか肩は回復し、翌15年も、きっと本当に「首の皮一枚」だったのだと思いますが、育成枠で阪神に残していただけることとなりました。

育成枠の選手たちは毎年7月末を過ぎると、もうその年に「支配下登録」されることはなくなってしまいます。僕にも、何度もその「7・31」の夜はやってきました。秋になれば今度は、来季の契約がどうなるのかが頭をもたげてきます。仕方がないことですが、それはもう自分にコントロールすることはできない、身をゆだねるだけの話です。

どんなときも、絶望することも、あきらめることもしませんでした。高校時代の経験も、僕に「できることを何一つ残さずやってきたなら、絶対に大丈夫だ」と教えてくれていました。ここでも「根拠のない自信」でしたが、できることを続けていけば必ず道は開けるんだと、確信がありました。流れも、運も、この世界には確かにあると思います。それでも、ここで自分が変わってしまっては、投げ出してしまってはそこまでだと思っていました。

支えてくれる人もいました。09年末に交際を始め、すぐに〝遠距離〟となってしまっていた現在の妻は、毎晩、電話越しに僕に力を与えてくれました。夜通しつなぎっぱなしにして2人とも眠ってしまい、その後〝ものすごい額〟の電話代の請求が来て、妻の両親に叱られたこともありました。

彼女も、そのときの僕が厳しい立場にあることは当然分かってくれていました。それでも「頑張り過ぎなくて大丈夫だよ」と何度も言ってくれたことに、いつも支えられていました。

15年も二軍公式戦の出場は59試合にとどまり、守備では一塁を10試合守ったのみでした。

秋になり、フェニックス・リーグが始まっても、その参加メンバーに僕が名を連ねることは最後までありませんでした。各球団の若手、二軍選手が宮崎県に集って行われる教育リーグだけに、そこへも呼んでもらえないということは「要するにそういう立場だ」と、嫌でも自覚させられていました。

ところが10月24日、甲子園で行われた一軍の秋季練習に急きょ呼ばれたのです。そこでジャージー姿で待っていたのが、わずか数日前に監督就任が決まったばかりの金本知憲監督でした。鳴尾浜で練習するはずだった自分のような選手を呼び寄せて、直接見る機会をわざわざ作ってくださったのです。僕は「もう、これがこの世界で自分が得られる最後のチャンスだ」と思いました。そして、力の限りに、振って振って振りまくりました。金本監督はなんと、居残り練習にまで付き合ってくださって、「振れる」ということで評価をしてくださいました。教わった感覚を体にたたき込みたくて、鳴尾浜に帰っても室内練習場でずっとバットを振っていました。

この出来事については、忘れられない思い出もあります。実は今でも、当日の写真は妻の実家に大切に飾ってあります。他に誰もいない甲子園のグラウンドで、バックスクリーンを背景に、僕が金本監督から付きっきりで指導していただいているところを写されたものです。

僕がルーキーだったころからよく鳴尾浜でお会いしていたスポーツ紙のベテランカメラマンの方がいらっしゃったのですが、その方が「せっかくやから」と、すぐに撮影した写真を大きく現像してプレゼントしてくれました。僕のような、一軍とはほとんど縁がないような選手の写真もたくさん撮ってくれて、僕もバッティングでチェックしたいことがあるときには、よく連続写真などを〝おねだり〟していました。嫌な顔ひとつせず、いつも二つ返事で応じてくださって、とても気さくで優しいカメラマンさんでした。日刊スポーツの河南真一さん――。18年3月に56歳で急逝され、とても驚き、さびしさはいまでも消えませんが、河南さんも僕の苦しいときを優しく見守ってくださった、大切な方です。いまでもどこからかカメラを構えてくれているような気がします。

再び支配下登録へ

就任1年目に「超変革」というスローガンを掲げられた金本監督には、16年2月のキャンプでも、終盤から一軍の沖縄・宜野座組に呼んでいただきました。

もう無我夢中で、ここで結果を残さなくてはいよいよ後もないと分かっていたので、とにかく強くバットを振れることをアピールして、かつ「捕手で勝負する」という強い覚悟を胸に、シーズンへ臨んでいました。ペナント開幕後も、当時二軍監督を務められていた掛布雅之さんのご指導もあり、手応えを持ったまま過ごすことができていました。

そして、4月26日の夜。翌日の二軍戦へ向けた資料の整理などをしていたときに、突如僕の電話が鳴ったのです。球団本部長の方からでした。翌27日から支配下登録へ戻るということ、そして同時に一軍へも昇格するということを一気に伝えられ、一瞬で頭がカーッとアツくなるのを感じました。その晩のうちに、いったい何人に電話で報告したでしょうか。覚えていないほどです。早く眠らないと、いつか見た夢のように本当に寝坊して甲子園へ遅刻してしまいそうでした。お世話になった方、どんなときも支えてくださった方々にプレーで感謝を伝えられる機会が、ついにやってきたのです。

このあたりから僕のことを知ってくださった方も、たくさんいらっしゃるかと思います。たまたま、僕がデビューした4月27日の巨人戦が「輝流ライン」と呼ばれる特別なデザインを施したユニフォームを着用するゲームだったために、困った事態も発生しました。新しい背番号「94」では、特別ユニフォームの手配が間に合わなかったそうなのです。

本来であれば急きょの支配下登録の場合、3ケタの背番号のままでの出場も認められるらしいのですが、みんなが特別ユニフォームの中、僕だけが通常のタテジマユニフォームというわけにもいきません。そこでなんと、山田勝彦バッテリーコーチの「82」を着てデビューすることとなりました。こんなことがあるのかと自分でもおかしかったですが、インパクトがあってよかったかもしれないなあと、いまでも思っています。

初安打はその日に打つことができ、初のスタメンマスクも4月29日（DeNA戦、甲子園）に経験することができました。この日から〝自前ユニフォーム〟です。二軍でもなかなか経験することができなかった、1試合を通してマスクをかぶってゲームに勝ち切るという瞬間は、とてつもなく最高のものでした。

怖いもの知らずで、翌5月には月間MVPまで受賞してしまいましたが、一方では緊張感のある試合に出続ける難しさや、勝負どころで打てない悔しさ、捕手として背負う勝敗の重みに押しつぶされてしまいそうな毎日でした。それでも、この厳しさこそがプロ野球で、ここだけが望んでいた舞台なんだと必死で自分を奮い立たせていました。

ファンの方々からの声援も、こんなにもうれしいものだとは知りませんでした。オールスターのファン投票では、投票用紙にノミネートされていなかったにもかかわらず「17万4556」もの票を入れていただきました。最終的には監督推薦で出場させていただく形となりましたが、夢のまた夢でしかなかった華やかな世界に足を踏み入れることができました。

この16年シーズンは107試合に出場し、規定打席には80打席ほど届きませんでしたが、打率・299、11本塁打、46打点という結果でした。まだまだチームを勝たせるには物足りない成績だと自覚していましたが、こうして一軍に数字を刻めたことで、この年の冬、僕にはいよいよやらなくてはならないことがありました。交際7年を迎えていた、最愛の人へのプロポーズです。もちろん、ここですべては明かしませんが「いろいろなことがあると思うけど、これからもずっと近くで支えてほしいです」といった思いを、僕なりに真っすぐ伝えました。

「いろいろなこと」という言葉の中には、野球の成績の浮き沈みや、ゆくゆくの引退後のことをイメージしていたような気がします。ただ、僕たちのこれからには、想像を超えた「いろいろなこと」が起こります。

第2章　人生が暗転した日

野球で悩めた幸せな日々

2017年になると、僕は実に7年間もお世話になった選手寮「虎風荘」をようやく出て、妻と歩む人生をスタートさせました。

高校時代、あれだけ家族に甘えていた僕のことです。妻に甘えっぱなしになるのにも時間はかかりませんでした。それまでであれば電話の向こうから励まし、支えてくれていた人が、家で帰りを待っていてくれているようになったのです（それもおいしいご飯をたくさん用意して！）。毎日が天にも昇る心地でした。

ただ、よく耳にする「これまで以上に頑張ろう！」という定型文は僕たちには当てはまらなかった気がします。前章でも述べたように、前が見えなかった日々も、彼女は距離を感じさせないくらいに寄り添ってくれていました。彼女の支えがあって、僕はすべてをやり尽くしてきたので、僕たちに〝これまで以上〟はなかったのです。「これから結果を出し続けるしかない」と、とにかく燃えていました。

その年が、僕にとっては初めて開幕前から一軍選手として臨むシーズンになりました。阪神の一軍が沖縄・宜野座で行うキャンプに「2・1」の初日から参加するのも初めてで、数日間ではありましたが、父も宜野座に招待して、練習する姿を見てもらうことができました。父は16年には東京ドームの試合などにも母と一緒に何度か駆けつけてくれたのですが、このときの沖縄では球団関係者の方へも改めてあいさつをしてくれました。当時、作戦兼バッテリーコーチだった矢野燿大監督には、サブグラウンドでお会いしたときに「お父さん、フミは本当に頑張ってますよ!」と声をかけていただいたそうで、感激していました。

16年2月にも最後に少しだけ一軍キャンプに参加したのですが、そのときは最終クールに飛び入り参加しただけでした。初めて足を踏み入れる沖縄を体感する時間も一切なかったのですが、この17年は練習が休みの日には宿舎近くのビーチを散歩しました。妻と電話をつないで「沖縄の海はなんでこんなに透き通っているんだろう?」「この下に落ちている白いやつがサンゴのかけら!?」なんて話をしながら歩いていた記憶があります。18年に予定していた結婚式へ向けて段取りなどを相談し始めていたのも、ちょうどこの時期でした。

そのキャンプの最終日にはチームから方針を告げられて、一塁手に専念することが決まりました。もちろん悔しさはありましたが、僕の場合は「とにかく打たなくては試合に出ることができない」という点では同じでした。それなら一塁でレギュラーをつかんでやる、と覚悟をしました。オープン戦でもなかなか結果が出ず、試行錯誤を続けながらシーズンに突入していきました。

楽しみも不安も抱えて臨んだ、3月31日の広島との開幕戦（マツダ広島）では「五番・一塁」で先発出場し、いきなり3安打が飛び出します。開幕6戦目だった4月6日のヤクルト戦（京セラドーム）では初めてサヨナラホームランを打ったのですが、好調は続きませんでした。4月の中旬には打率も2割台となり、下旬からはスタメン落ちする試合も出てきました。

このシーズンで印象に残っている出来事は、良いことと悪いことで1つずつあります。良いことのほうは、妻の誕生日だった6月15日の西武戦（甲子園）でサヨナラヒットを打てたことでした。ちょうど金本監督が監督として通算100勝を挙げられた日だったのですが、監督や球団の方たちにもご配慮いただいて、勝利球を持ち帰らせていただきました。初めて一緒に過ごすことができた誕生日だったので、いまでも忘れられない1球でした。

悪いことのほうは、8月26日に二軍へ降格してしまったことです。支配下に再登録されてから約1年半で初めてのことでした。東京遠征中のチームを一人離れ、鳴尾浜での練習へ合流するために早朝6時台の新幹線に乗りました。あの悔しさは忘れません。二軍で戦うメンバーがどれほど強く「俺が一軍のメンバーと入れ替わってやる！」と野心を持っているかは、誰より僕自身がよく知っています。一度落ちてしまえば簡単には戻ってこられないことも当然分かっていました。降格後すぐに左ワキ腹を痛めてしまったことも追い打ちとなり、もうその後は一軍へ戻ることはできませんでした。

9月8日のDeNA戦（甲子園）で、鳥谷敬さん（現・ロッテ）が通算2000安打を達成された瞬間は、妻と並んでこっそりとスタンドに陣取り、目に焼き付けていました。僕のような選手にも普段から気さくに声をかけてくださる、尊敬する大先輩でした。そんなあこがれの人が金字塔を打ち立てるというときに、同じグラウンドに立って祝福の輪に加われなかったことが悔しくてたまらなくて、ファンの方が沸き返る中に紛れて「この不甲斐なさは絶対に忘れないぞ」と胸に誓いました。打率・226、6本塁打、25打点という悔しさばかりの数字で、17年シーズンは幕を閉じてしまいました。

守りたい命を授かって

18年3月31日、午前8時37分。僕は父になりました。

チームは前日の30日に巨人との開幕戦（東京ドーム）でシーズンに突入していました。僕も一軍メンバーとして遠征に帯同していましたが、妻は関東近郊の実家近くの病院で出産に臨んでいたため、本当に幸運だったのですが、すぐに会いに行くことができる距離でした。

31日は午後2時開始予定のデーゲームが控えていたため、早朝となった出産にはさすがに立ち会うことはできませんでしたが、試合が終わるとすぐにチームの宿舎からタクシーに飛び乗りました。朝にも、産まれたという一報とともに写真を受け取って顔は見ていたのですが、いざ娘と対面すると「自分がこの命を守っていくんだ」という、父としての実感が一気にこみ上げてきました。

この年は代打での出場がメインとなっていきました。途中から出ていく状況に満足したことは、当然ですが一度もありません。「もっと試合に出たい……」という気持ちを常に胸の内に燃やして、日々の練習にも試合にも臨んでいました。代打でもスタメンでも、めぐってきた場面で何とかチームのために1本打ちたい、絶対に打ってみせるんだと、とにかく必死でボールに食らいついていきただけでした。

そうしているうちに、シーズン代打安打で桧山進次郎さんが08年にマークした球団記録「23」が徐々に迫ってきました。段々とファンの皆さまの声援が大きくなるのも感じていましたので、自分にもプレッシャーをかけて「ここまで来たからには何とか狙っていくぞ！」と思っていました。

すんなりとそのまま記録更新、とはいかないのが僕らしいところなのですが……。あと1つで並べるという「22」まで来ていた9月14日のヤクルト戦（甲子園）で、内角球を避けきれずに左手を負傷してしまいます。痛みはありましたが「まだ絶対にチームの力になれるはずだ」と思える程度だったため、試合には出続けることを決めました。妻にはすべてを打ち明けていましたが、ほとんど動じずに「とにかく頑張って」と言ってくれました。そのときにも自分の妻ながら「本当に、そばにいてくれて頼もしい人だな」と思った記憶があります。

試練はさらに続きました。その後のある試合で空振りをした際に「パーン！」と手元から音が聞こえたのです。それが〝傷口〟が広がってしまった瞬間だったようで、激痛が走り、さすがにプレーを続けられる状況ではなくなりました。病院では「左手第5中手骨骨折」という診断を受けました。出場選手登録を抹消されたのは9月21日で、大事な終盤戦でチームを離れることが本当に悔しくてたまりませんでした。鳴尾浜でのリハビリを始めると、周りの方々に「大変だったな」「残念だったな」と声をかけてもらいました。当たり前と言えば当たり前の話なのですが、みんなもう「今年の原口は終わった」と受け取っていたのだと思います。

でも、当時球団トレーナーとして僕を担当してくれた手嶋秀和さん（現在は西宮市内で「甲子園スポーツトリートメント治療院」を経営）だけは背中を押してくれました。「絶対にまだいけるぞ！」と、僕よりもあきらめが悪かったです（笑）。骨折していたのは小指の付け根の、手の甲の外側だったのですが、腫れが引いてくるとすぐに〝共同作業〟を開始しました。痛みが少なく、力が入りやすいバットの握り方ができるように、手嶋トレーナーと一緒にバットのグリップに巻くテープを工夫していったのです。

もちろん規則の範囲内で、親指、人差し指、中指の3本の指で引っかけるようにして握れるように、驚くほど打ちやすくなる〝取っかかり〟を作ることができました。それで満を持して数日後に二軍の練習でフリー打撃に臨み、実際に打てたことで、当時の矢野二軍監督も一軍首脳陣へ「GOサイン」を出してくださいました。

抹消から2週間後の10月5日、中日戦（甲子園）で一軍へ昇格しました。練習前のクラブハウスでは、藤川球児さん（現・阪神スペシャルアシスタント）の計らいで桧山さんにお電話をつないでいただき「記録に挑戦させていただきます！」とご報告させていただきました。桧山さんとは一緒にユニフォームを着させていただいていた時期もあったのですが、当時二軍で過ごしてばかりだった僕にとってはまさに「神様」そのものでした。そんな方から「抜いてくれ！」というお言葉をいただいて、勇気を持って試合と打席に入っていくことができました。このときの桧山さん、球児さんの優しさはいまも忘れられません。

結果的にその試合で代打安打を打つことができ、記録に並ぶことができました。もしかすると、ファンの皆さまは僕がグラウンドに戻ってきただけでも驚いたかもしれ

切り札的として2018年10月５日の中日戦（甲子園）では桧山進次郎
が08年に達成した球団のシーズン代打安打記録にも並んだ

ません。ですが、裏ではこんなにも多くの方に背中を押していただいていたので、僕にとっては「絶対に打つと決めていた」ヒットでした。金本監督、矢野二軍監督をはじめとした首脳陣の方々にも、直接支えてくださった手嶋トレーナーにも、結果で応えなくてはなりませんでした。そして、不安だったはずなのに動じずに支えようとしてくれた妻にも、僕が強く戦う姿を見せたかったのです。自分一人の力でグラウンドに立てているのではないということを、改めて痛感した出来事でもありました。新記録を作ることはできませんでしたが、桧山さんに少しでも近づくことができて、何とかあの1本を放つことができてホッとしました。

しかしこの秋、チームは最下位に沈み、僕を育成枠から表舞台へと連れてきてくださった金本監督も辞任することとなってしまいました。もっと貢献して恩返しを続けていきたかったのに、惜しみなく教えていただいた技術を自分のものにできなかった、期待に応えられなかった悔しさが一気にこみ上げてきました。

ほとんどの期間を育成枠で過ごしてはきましたが、19年はプロで迎える10年目でもありました。どうしたら一人前のプロ野球選手になって、もっとチームを勝たせられる存在になれるのか――。「野球の悩み」は尽きず、むしろ年を追うごとに増えていました。また、このタイミングで僕は一度立ち止まり、人間ドックを受けることになりました。ここから、僕の人生は大きく変わっていくことになります。

26歳でのがん宣告

後になって振り返れば、17年の6月ごろからずっと体には違和感がありました。日々の疲れがなかなか取れない、どれだけ長時間眠っても眠気が取れず、あくびが止まらないということが続いていました。ただ、野球で気持ちが張っている毎日でしたし、自分に対しては常に、思うような結果を残せないストレスも感じていました。試合に出たり、毎日体を動かしていることで疲れが抜けていかないのかな……と考えていました。

18年も体のだるさはずっと続いて、夏前くらいには周囲に「オフになったら人間ドックを受けてみたいです」と何気なく話をしていました。そして実際に、まだ年齢は26歳ではありましたが、18年の12月末に「体中を一度、隅々まで診てもらおう」という気持ちで人間ドックに臨みました。

検査を受けていく過程で、便に血が付いていることが確認されていたこともあって再検査となりました。そして年が明けた19年の1月8日に胃カメラと大腸カメラによる診察を受けたのですが、その場で医師の表情がみるみる曇っていったのです。あのときのことはいまも鮮明に覚えています。

「原口さん、隣の部屋に来てください」

そう告げられ、僕は「えっ……」と言葉を返すこともできずついていきました。

「僕の所見と経験から、がんがあります」

「まだ、はっきりと調べてみる必要はありますが……」

いま、目の前にいるこの先生は本当に自分の話をしているのかなと、頭がついてこなくて理解ができませんでした。ケガや戦力外になりそうな試練はここまで記してきたように、いくらでも経験してきました。野球の悩みにも追われていましたが、どんなときでも明るく温かく照らしてくれる太陽のような妻と娘にも囲まれていました。そこへ突然、考えたこともなかった「死」というものが真っ暗な影をともなって迫ってきたのです。僕はその場で、すがりつく思いで尋ねました。

「練習はしてもいいですか……？」

先生が答えてくださった「体調を崩さないように、体力を落とさないようにでしたら練習をしてもいいですよ」という言葉だけが、そのときの救いでした。

野球しかしてこなかったんです。野球で家族を幸せにすると決めていたんです。まだ「がん」と決まったわけではありませんでしたが、がんだった場合はどの程度で、本当に野球を続けられるのかどうかさえ何も分かっていませんでした。冷静に振り返ると練習なんてしている場合ではなかったのかもしれません。それでも、とにかく僕には野球しかなかったので、こんな状況の中でも野球のことしか考えられませんでした。

年末年始は家族3人そろって関東へ帰省していたので、関西の病院へ来たこのときは1人でした。妻と娘はまだ関東に残って過ごしていたのですが、先生から今後の話を聞いているときにはもう、2人の顔が頭に浮かんできていました。その後、1人になってスマートフォンのメモ機能に打ち込んだ言葉がいまでも残っています。

「○○（娘の名前）の成人までは絶対に見たい」
「○○（妻の名前）のおばあちゃんになった顔が見たい」

考えれば考えるほど、家族に対しても野球でも、やるべきことが残り過ぎていました。思いを口に出して、書き出して、なんとか気を確かに保とうとしていたのかもしれません。妻に連絡をすると「とにかくすぐに帰るから！」と関西へ戻ってきてくれることになりました。

一夜明け、1月9日の午後にはもう妻と娘は家へ帰ってきてくれました。抱きしめてくれて、話して、張り詰めていた自分の心が少しずつ緩んでいくのを感じました。これから自分たちはどうなってしまうのか、いったい何をすればいいのか。僕ら夫婦と赤ん坊で、暗闇の中に放り込まれたようでした。それでも妻はすぐにこちらを真っすぐに見て「起こり得る最悪のことまで考えてきた。もう大丈夫」と言うのです。あとは「顔を見たら安心した。あなたなら大丈夫」とも言ってくれました。不安ばかりだったはずなのに、頭の中を整理して戻ってきてくれて、次の日からはとにかく普段どおりに家事と育児をやっていってくれました。そんな妻の姿を見て、僕も落ち着きと前向きな気持ちを取り戻していきました。

チームの先輩・俊介さんと合同で行う予定を組んでいた三重・伊賀市での自主トレ

はキャンセルせざるを得ませんでした。検査などもあったので、先生に許していただける範囲で、近場で1人で練習をすることになりました。「1月10日 練習を始める」という書き出しのメモもスマートフォンに残っています。

「野球をやっていると、野球に集中できている自分」
「かなり充実してる」
「いい練習ができてる。うまくなってる実感がある」

ひとたびバットを握り、白球を打てば、お腹の中にある病気のことも意識から飛んでいきました。このときの練習には自分自身でも本当に手応えがあって「もしこのままシーズンへ入ったら、自分はどんな数字を残してしまうんだろう？」とワクワクするほどでした。

それまで僕の人生の考えごと、悩みごとの「99％」は野球のことでした。どうやっ

どんなときも温かな言葉をかけ続けてくれ、
前を向く力を与えてくれた矢野燿大監督

たらもっと飛ばせるのか、捕手として成長できるのか……。そんなことで常に頭の中がいっぱいでした。もちろん悩みは成長の過程で、悩んできたからプロ野球の一軍まで何とかたどり着くことができたのだと思います。でも、いざ病気になって「死」を目の前に突きつけられると「野球で悩めるのは本当に幸せなことだったんだ」と思い知らされました。

1月11日。検査を進めた結果が出て、がんであることが確定しました。そして、できるだけ早く手術を受ける必要があるということも伝えられました。球団にもこのタイミングで連絡を入れて、すべてを伝えました。すると病院から帰る車の中でスマートフォンが揺れます。画面には「矢野監督」と表示されていました。

「フミ、俺は待ってるからな。頑張れ」

球団の方と話していた数分後のことでしたので、こんなにも早く、まさか直接お電話をいただけるとは思っていませんでした。驚きましたし、監督の声を聞いてまた「絶対に戻らなくちゃ」と思えてきました。

練習を許可していただいたことで、午前中に「いってらっしゃい」と送り出してもらい、夕方「ただいま〜」と帰ってくるような、いままでと変わらない生活リズムも取り戻していました。

ただ一度だけ、普段と違う〝イレギュラー〟な出来事が起こりました。ある日、練習から帰ってリビングへと入っていくと、まったく知らされていなかった訪問者がソファーに2人座っていたのです。荷物を置いて、ふと娘のほうを見ようとしたら、いるはずのない人が目の前にいたので、思わず「うわぁ！」と大声を上げてしまいました。帝京高で1学年後輩だった小林孝至と彼の奥さんが、こっそり妻だけに連絡して、僕の家に遊びにきてくれていました。

孝至は学年こそ違いましたが一緒に捕手をやっていて、本当に熱いヤツで、高校時代から何度も助けてもらった親友でした。僕たちの代の甲子園の映像を見返すと、ベンチで泣き叫ぶように声を出す孝至が映っています。僕の父が沖縄の宜野座までキャンプを見にきてくれたときには、同じタイミングで孝至もきてくれていました。

自分の中で整理がついた後、僕は少しずつ病気のことを地元の友人たちにも伝えていました。孝至もその一人だったのですが、いてもたってもいられなくなったようで、関東で消防の仕事に就いていて忙しかったはずなのに飛んできてくれました。一緒にご飯を食べたり、おかしな話をしたりして、楽しい時間はあっという間に過ぎていきました。このようなうれしいサプライズもあって、入院するまでのこの期間も我が家は笑顔を取り戻していました。

「使命」と受け止めて

もう、このときの僕は妻をはじめとした家族、そして親友たちのおかげで前しか向いていませんでした。「この病気を克服して一軍で活躍してやる」と――。僕はヘタなのですが字を書くのが好きで「これだ！」と思った言葉に出合うと、持ち歩いているマイ筆ペンで紙に書いてみることがあります。自分の中の弱い自分にトドメを刺すくらいのつもりで、このときはこの言葉を選びました。

「本当に信ずればそうなるのであり　必ず、信じた通りにさせるのである」

納得のいくものが書き上がると写真を撮って、それを娘の写真と組み合わせて、常に目につくようにスマートフォンの壁紙に設定しました。すると日に日に妻が帰ってきてくれた日に言ってくれた「あなたなら大丈夫」というあのひと言が、自分の中でも確信に変わってきました。自分は必ずグラウンドに戻る、戻れないはずがない。どんな練習にも耐え抜いてきた高校時代にも、前が見えなかった育成枠のときにも、いつも僕が失わなかった「根拠のない自信」が、ここでも沸々とわき上がってきていました。そして、大腸がんと診断されたこと、手術を受けて治療に入ることを、公表することにしたのです。

葛藤もありました。こんなにもプライベートな話は他にないですし、本当に世の中に公表するべきものだろうか……と。僕自身の気持ちよりも、家族がどう思うのかも大事でした。一方で、何も公表しないという選択肢も現実的ではありませんでした。プロ野球選手はたった1日グラウンドに姿を現さないだけでも、ファンの方や記者の方たちに「あの選手はどうしたんだろう？」と気づかれてしまいます。皆さまに何も伝えないまま姿を消して治療に専念するとすれば、それはそれでご心配をおかけしてしまうことになります。

それならば「自分が病気と闘う姿で、誰かを勇気づけられれば」と考えるようになったのです。プロ野球の現役選手でここまで大きな病気になる人は、ほとんどいません。僕が公表し、報じてもらうことで、同じがん患者の方や他の病気で苦しむ方、そのご家族の方々も、どこかで「原口も闘っている」と耳にすることがあるかもしれません。もし少しでも、僕のことを知った方たちが前を向けるのならば、それこそが僕が果たすべき役割なのではないか――。そう思えてきたのです。僕がその意思を伝えると、両親と妻、妻の両親も背中を押してくれました。

19年1月24日、僕はツイッターに手書きの文章を公開するという形で、病気を公表しました。その中で「使命」という言葉を使いましたが、重たいものを背負ったような気持ちではなく、むしろ心も体も軽くなっていました。真っ暗闇に立たされた日も確かにありました。それでも家族と仲間たちに手を引かれて、ナイター照明で光り輝くグラウンドだけを目指して、僕はもう踏み出していました。

いつも応援して頂きありがとうございます。
皆様にご報告があります。
プロ10年目を迎えるにあたり
昨年末、人間ドックを受診したところ
ガンと診断されました。
病名を聞いた時は、さすがに驚き、
動揺したのも事実です。
しかし今は、プロ野球選手という立場で
この病気になった事を
自分の使命だとも思えます。
同じガン患者の方々、
またそのご家族の方々にとって
少しでも夢や希望となれるよう
精一杯、治療に励みたいと思っています。
今後の予定としては
近日中に手術を受け
そのあとリハビリに励んで
早期の実戦復帰を目指します。
僕には、大切な家族や
応援してくださるファンの方々、
共に闘う仲間がいます。
常に前だけを向いて進んでいきます。
どうか、これからも応援の程
宜しく、お願い申し上げます。

2019.1.24

原口文仁

自身のツイッターで大腸がんであることを公表。思いを込めた手書きの文字による言葉は、多くのファンの心を揺さぶった

第3章　もう一度授かった命

みんなとまた野球がしたい

がんの公表よりも前に、チームの先輩方には病気のことを伝えさせていただいていました。まずは福留（孝介、現・中日）さんにお電話させていただき「人間ドックで病気が見つかり、治療に入らせていただきます」ということと「2月のキャンプには参加できなくなるのですが、早く合流できるように頑張ります！」ということをお伝えしました。1月ということもあって「もしかしたら自主トレ先の海外にいらっしゃるかな……」とも考えたのですが、時差などもあるかもしれないご多忙の中で、どの先輩方も皆さま温かく励ましてくださって、本当にありがたかったです。

鳥谷さんも「もっと早く『病院へ行け』って俺が言ってやらないといけなかったな」と気づかってくださいました。2018年は試合前も試合中も、鳥谷さんと一緒にお話しさせていただく時間が多かったのです。トレーニングやバッティングの話題がほとんどでしたが「最近なかなか疲れが取れなくて」というようなことは、確かにご相談させていただいた記憶があります。ですが、鳥谷さんに負い目を感じていただく必要なんてまったくなかったですし、むしろ僕はそんなことを言ってくださる鳥谷さんの優しさにまた胸を打たれてしまいました。

「91年組」というチームの同学年の選手たちで作っているLINEグループがあるのですが、そこのメンバーにも前もって報告をしました。阪神ファンの方はご存じかと思いますが、アキ（秋山拓巳）、サダ（岩貞祐太）、ザキ（岩崎優）、ウメ（梅野隆太郎）、ナオマサ（陽川尚将）といった面々です。病気のことに加えて「気をつかうと思うから返事は要らないよ」とも書き添えました。僕が逆の立場だったら何と言葉をかけたらいいのか分からないと思ったからです。でも、ドラフト同期で高卒1年目から一緒に戦ってきたアキはすぐに連絡をくれました。

「お疲れ！　重くはないん？　俺も人間ドック行かなアカンな」

「手術終わったかな？　お見舞い行けんけど、リハビリ頑張って」

というように、キャンプへ突入する大事な時期なのに何度も励ましてくれました。サダは「ホントに信じれん。帰ってくるの待つわ。早くボールを受けてくれ」と熱いことを言ってくれました。病気のことも「きのうメッチャ調べた」と言って、僕の家族のことまで心配してくれて。「ウチの嫁もグッチの家のこと手伝えるし、何でも力になるから言ってくれ」と気づかってくれました。

ザキもウメもナオマサも、僕は「絶対に戻る！」と言っているのに、やはり驚かせてしまいましたし本当に心配してくれました。後輩たちや、公表してからは他球団の方も、個人的に連絡をくださった方がたくさんいました。どの言葉も本当にうれしくて「早くグラウンドへ戻って、みんなとまた野球がしたい」という気持ちが、もう誰にも止められないほど強くなっていました。

公表後まもなく入院していたのですが、球団の方から「ファンの方からの千羽鶴、お守りがたくさん球団事務所に届いた」と教えていただきました。お手紙やビデオレターも届いていましたし、ツイッターにも信じられないほど多くのメッセージをいただきました。それまでもスタンドからいただく声援などで力をもらっている意識はありましたが、ファンの方が与えてくれる勇気というのはこれほどのものかと、震えるほどうれしかったです。「早く治して、また活躍するところをみんなに見てもらいたい」と燃えてきて、どんな困難も乗り越えられそうでした。

公表した1月24日まで練習をしていたのですが、手術を目前にしてもずっとカレンダーばかりを見ていて「2カ月くらいで戻ってやる」と本気で思っていました。リハビリをして、実戦に戻って……と頭の中でイメージを描きながら、グラウンドにもう一度立つための日を逆算していきました。

「一軍復帰は5月ごろかな」
「復帰初打席はホームラン！」
「僕が戻ったら、甲子園はどんな雰囲気になるんだろう」

これぐらいの時期から、僕はあることにも気がついていました。7月にオールスターゲームが予定されていた球場が、東京ドームと甲子園だったのです。子どものころに父と通った僕にとっての「聖地」と、チームの本拠地でもある「聖地」でした。「出たい……いや、出る！」。本気でそう思っていました。

初めてオールスターに出場させていただいた16年も、4月27日に支配下登録され、5月に月間MVPを受賞しての〝駆け込み〟だったという点で、自分の中で一つの成功体験になっていました。「5月に戻る、そして打ちまくる！」。それが自分の中の合言葉になって、思い描くだけで前向きな気持ちになってきました。バットやミットはさすがに病室には持ち込めませんでしたが、頭の中ではどんどん野球が上達していく感覚がありました。打って捕って、復活してみんなの前に戻る未来を、僕は僕自身に固く約束していました。

手術から目が覚めて

1月26日、いよいよ手術の日を迎えました。

後から聞いた話では、体の中は決して簡単な状況ではなかったそうです。この日、このときの医師や看護師の方々のすべての処置に救われて、僕はいまも生かされています。

記憶は曖昧なのですが、目を覚ましたときには妻がこう呼びかけてくれていたそうです。

「全部取ったんだからね、もう平気でしょ？」

「がんは治ったんだよ、だからもう大丈夫！」

意識がはっきりしてくると、僕もたとえではなく本当に「新しい自分」に生まれ変わったような気持ちでした。ただ、痛みは想像以上でした。大きな、長時間に及ぶ手術は初めてだったのですが、お腹は痛いし足も痛くて、すぐに「早く家に帰りた〜い」と嘆いていました。お腹の切ったところは仕方がなかったのですが、足のほうは予想外でした。僕の体が大き過ぎたこともあり、手術台に当たりっぱなしになってしまっていた足の一部が肉離れのようになっていました。

それでも、手術翌日にはもう歩行練習をするようにと医師から言われていました。手術をした腸を動かして体に馴染ませていくためにも、少しずつでも体を動かしていかなくてはいけないという説明を受けていました。


ちなみにですが、このときの僕は「原口文仁」ではありませんでした。プライバシーの面でご配慮をいただいて、病室の入口のネームプレートには「○○（病院の所在地名）太郎」と記されていました。

歩行練習の際も看護師の方が病棟内の人が少ないフロアと時間帯を見計らって誘導してくださって、そこで数メートルずつ歩き始めていきました。妻も僕のリハビリと並行して〝勉強〟を始めてくれていました。術後、何日かは絶食で点滴だけでしたが、そこから七分がゆ、五分がゆと食事面のリハビリも進んでいきました。退院すれば妻に考えてもらい、新しい体に合った食事を摂っていかなくてはなりません。時期によってどんなものを食べられるのか、どんなものを控えたほうがいいのかなどを医師に尋

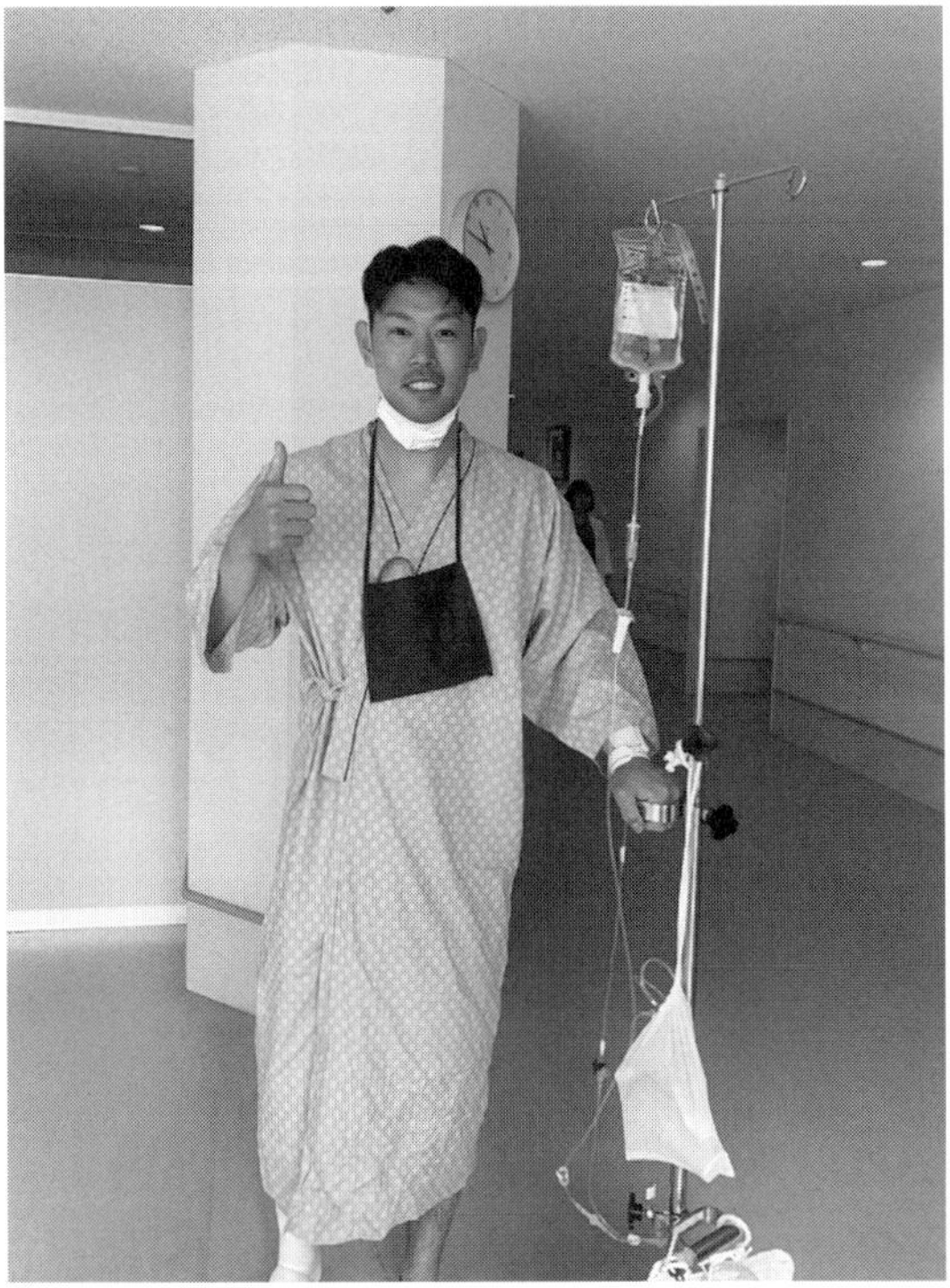

手術翌日からは歩行練習も開始した。周囲の支えもあり、持ち前の笑顔はどんなときも失わなかった

ねて必死でメモを取ってくれていました。これまで家で食べさせてもらっていたご飯がどれだけおいしかったか、妻が自分のためにどれだけ尽くしてくれているかを「太郎」は病室の天井を見上げながら思い知らされていました。担当の医師、看護師の皆さまには治療だけでなく、さまざまな面で助けていただき本当に感謝をしてもしきれないほどでした。

妻は家から病院に通って、朝早くから夜遅くまで僕に付き添ってくれました。まだ0歳だった娘は妻の母が面倒を見てくれていました。病室へも何度も連れてきてくれたのですが、はしゃいだり、わがままを言ったり、はいずり回ったり……おかしなことばかりするので、それでしょっちゅう笑わされてお腹が痛んだりもしました。ベッドの上にちょこんと座った娘が、おかゆしか食べられなかった僕のことなどお構いなしで、「かにぱん」をパクパクと食べ始めたりもするので「あぁ〜パパにもソレちょうだい！」と発狂しそうになったりもしました。

もう一つ忘れられないのが、妻と妻の母の病室での会話です。僕が入院していたこの時期、ワイドショーはちょうど「国民的アイドルグループの嵐が20年をもって活動を休止する」という話題で持ちきりでした。病室のテレビでも、ちょうど嵐のことを取り上げている番組が映っていたのですが、妻が「櫻井翔くんと一緒に『アフラック』のCMに出られるかなと思ったのに……」と残念がったり、義母が「そうよねえ、どうなっちゃうんだろう」と心配したりしていたのです。当事者としてはなんだか笑ってしまいましたが、櫻井翔さんは無事にあの有名な保険会社のコマーシャル出演を続けてくださって、僕が共演させて

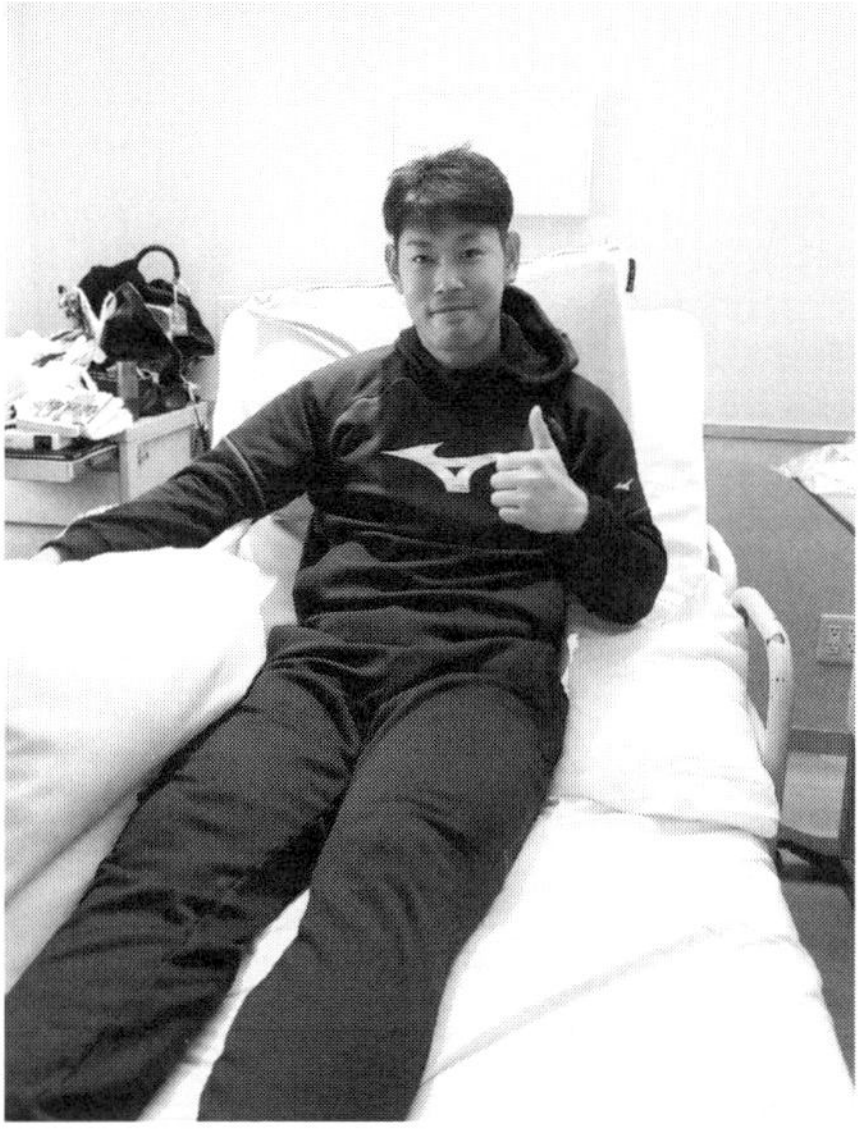

病室内での１コマ。温かな周囲のサポートもあり、原口は前だけを向いて闘い続けた（office S.I.C提供）

いただくこともののちに現実となりました。こうして振り返ると、妻と義母なりに僕が復活する未来を鮮明に思い描いてくれていたのかもしれません。

少し落ち着いてからは、阪神の揚塩健治球団社長（当時）と谷本修球団本部長（当時、現・球団副社長）、嶌村聡球団副本部長（当時、現・球団本部長）もお見舞いにきてくださいました。ちょうどチームがキャンプインしてしまう時期でしたので、僕もソワソワしていましたが、励ましてくださってうれしかったです。

退院したのは2月2日で、球団事務所へ立ち寄った際には届いていた千羽鶴やお守り、お手紙をたくさん受け取らせていただきました。〝実物〟のパワーはやはりすごいです。退院してからは自分の意志と取り組みで体を元に戻していかなくてはなりませんでしたが、このときあらためて応援してくださる皆さんの力を直に受け取った気がしました。

親友たちも続々と埼玉から関西まで足を運んでくれて、幼なじみの戸澤秀志は入院中の病院まで訪ねてきてくれました。家に戻ってからは、子どものころ一緒に阿部慎之助さんのサイン会に行った同級生の正木裕人も遊びにきてくれました。さらに寄居リトルシニアの後輩で、毎年地元で行う自主トレで練習のパートナーを務めてくれている市川弘晃も同じ日に会いにきてくれました。みんなの顔が見られて本当にうれしかったですし、心強くて「どうして自分はこんなにも周りの人に恵まれているんだろう」ということを噛みしめました。

球団の方たちや、たくさんのエールをくださったファンの方々、親友たちから受けたこの恩は一生忘れてはいけないと、いまも深く胸に刻んでいます。

日常生活の新たな課題

退院したころにはもう歩けるようになっていましたが、どんな動きも「ゆっくり、ゆっくり」と心がけて生活していました。とにかく腸の縫合をしてもらった部分がしっかりとくっつくことが最優先事項でした。歩いて体を動かす必要はあったのですが、そのほかの行動はなるべくおとなしく、おとなしく。「ここで焦ってしまったら一生野球ができなくなる」と肝に銘じていました。元気な体に戻ることだけを願って、医師からの「GOサイン」が出るその日まで、とにかく我慢するしかありませんでした。

引き続き、歩行練習も課されていましたが、想像していた以上にしんどいものになりました。手術前と比べて最も変化したのは、トイレの大きいほうに何度も行きたくなるということでした。トイレに座っている時間が長すぎて、お尻が痛すぎて、なかなか歩きに出かけるどころではありませんでした。

これは僕の病気の後遺症の一つで「大腸が短くなるから便が早くなる」ということは前もって医師からも聞いていました。トイレへ行くたびに記録を付けるようにとも言われていましたが、最初にご飯を食べられるようになった後などは1日に20回以上もトイレへ行くほどでした。「体になじんでいくのは時間が必要で、すぐに減っていくというのは難しい。半年や1年はかかることだから」という医師の言葉を信じるしかなかったのですが、正直なところ「こんな状態から本当に野球ができるようになるのかな……」という不安もありました。

この時期は午前中に散歩をするのが日課でした。外は真冬でしたので、ニット帽をかぶってネックウォーマーを装着して、妻と娘に「散歩へ行ってくるね」と言って出発するのですが、すぐトイレに行きたくなって、5分もたたずに「ただいま〜！」というようなことを繰り返していました。この先もずっとなのですが「トイレ」という課題が、新しい僕の生活にはつきまとうようになっていきました。

いましかできないこと

「ヒゲを伸ばしてみようかな……自分はどれくらいモジャモジャになるんだろう？」

くだらない話で申し訳ないのですが、そんなことを思ってヒゲを剃らずに過ごしてみたり、この時期はいろいろな試みをしていました。野球ができない、バッティング練習も素振りもできないし、トイレもわずらわしい……などなど。できなくなったことに目を向けるのは簡単でした。でも、それでは気分も滅入ってしまいますし、何より時間がもったいなかったのです。ヒゲはメジャーリーガーのようなカッコイイものにはならずガッカリしただけでしたが、僕はだんだんと「いまだからできること」に目を向けるようになっていきました。その一つがプロ野球のキャンプ中継を見ることでした。

まだ入院中だった2月1日には新聞やテレビで「プロ野球が一斉にキャンプインした」というニュースを見て、うらやましくて仕方がありませんでした。野球選手としてのお正月であり、元日と言われるその日をまさか病室で迎えるなんて……と。引退した直後の先輩方が、よく「2月にキャンプへ行かないと思うと不思議な感じだ」とおっしゃるのを聞いてきましたが、僕だけがそれを現役中に先取りする形となってしまっていました。

悔しかったので、画面の隅々からすべてを吸収してやろうと意気込んでいました。朝の散歩から戻るとテレビのチャンネルをCS放送のキャンプ中継に合わせました。

全部は見られませんでしたが、当時セ・リーグを連覇していた広島の練習も何度も見ましたし、阪神以外の球団も見られる範囲で見ていました。

他球団同士の試合を見ることはあっても、キャンプの練習というのは現役の間はニュース映像以外ではほとんど見ることはありません。とにかく新鮮でしたし「この選手はバッティングをこういう風に変えてきているな」とか、そういったものが目に飛び込んできました。ただ〝その取り組み〟をあまりよく思わない人もいて……。妻には「そんなにずっとテレビばかり見てたら疲れちゃうでしょ！」と言われてテレビのリモコンを何度も取り上げられました。「あぁ」と抵抗しようとしてもダメでした。いつ何時でも、とにかく僕の体のことを第一に考えていてくれることは分かっていましたので、キャンプ中盤からは妻が買い物に行ったときにこっそりと見る程度でとどめておくようになりました。

強運に導かれた出会い

2月6日からは抗がん剤治療をスタートさせました。もちろん不安はありましたが、やっておかなくてはならないものだったので耐えるしかありませんでした。医師からも「体にどんな反応が出るかは人によって全然違うから、やってみないと分からない」ということは告げられていました。頑張るというよりは「頼むから耐えられるものであってくれ」と願うしかありませんでした。

2月の中旬になると甲子園球場の室内練習場の中をグルグルと歩き回っていました。春はまだ遠く、僕が野球の練習に戻れるのもまだ先でした。そんなとき、あれは2月11日の朝だったのですが、スマートフォンに沖縄でキャンプをしている矢野監督からメッセージが入ったのです。

「おすすめの本を2冊送りました。読んでみてください」

実際にはもっと長く、いろいろなお言葉を頂戴しました。本はすぐに届いて、ひすいこたろうさんの著書でした。監督が常日頃から「阪神タイガースは日本一になりました！」とおっしゃって実践されている『前祝いの法則』（フォレスト出版）などでも有名な方で、僕もお名前は伺ったことがありました。2冊とも、すぐに夢中になるほど、ものすごく好きな内容でした。沖縄でチームを指揮しながら、遠く離れた関西にいる僕のことをこんなにも気にかけてくださって……。うれしさがこみ上げてきましたし、物事の見方や捉え方であったりをさらに前向きなものにしてくれる本でした。矢野監督に背中を押され、僕の心はまた勢いづきました。いまでも手に取って読み返すこともあるほど大切な本になりました。

チームがペナントレースの開幕へ突き進んでいく中、僕がいつまでも話題にのぼってしまってはみんなに申し訳ないという気持ちもありました。ただ、この時期に報じていただいた僕に関するニュースの中で、率直にとてもうれしいものがありました。

2月前半のチームのレプリカユニフォームの売上数で、僕がトップだったというのです。それを知った途端、いてもたってもいられなくなって「沖縄、どんな感じか見せてください！」とキャンプ地の宜野座へ行っていた知人にビデオ通話をつないでもらいました。「僕のユニフォームを着たファンの方って、もしかして宜野座の球場にもいるんですか……？」。この目で見てみたくて、思わずそう聞いてしまいました。その知人はスタンドを歩き回って、夕方に差しかかるころだったのでだいぶ人影もまばらでしたが、1組の家族を見つけ出してくれました。男の子が僕のユニフォームを着てくれていました。

「話しかけてみてください、お礼が言いたいので！」

僕もかなり興奮して無茶なことを言っていました。中島壮太君という福岡県に住む当時小学4年生の男の子でした。知人が事情を説明してくれて、突然のことでご家族の皆さまもびっくりさせてしまいましたが、少しお話しすることができました。壮太君はそこで緊張の面持ちで「早くプロに戻れるように頑張ってください！」と言ってくれたのです。僕は「ありがとう！ いまは散歩のプロだけど、早く野球のプロに戻れるように頑張るね！」と答えました。

その日の昼間、チームのマスコット、キー太とのジャンケン大会を制した壮太くんは、捕手の真後ろからブルペンを観覧できるイベントへの参加権を勝ち取っていたそうです。そこで「94」を着ていたことで矢野監督に話しかけられて「原口のこと好きなん？ フミは絶対に帰ってくるからな！」と声をかけてもらったそうでした。壮太くんも強運なら、壮太くんと偶然つながることができて矢野監督のその言葉を〝間接的に〟受け取ることができた僕も強運でした。

人生が変わった1月、そして我慢ばかりの2月でしたが、決して悪いことばかりではありませんでした。春の訪れも、野球をできる日ももうすぐだと、エールをくださって支えてくださる皆さまのおかげで僕は何度も奮い立つことができました。

第4章　春が来て、そして

大きな一歩

ずっと伝えたかった皆さまへの感謝の思いを、ついに自分自身の口から伝えられるときがやってきました。3月7日、僕はキャンプ地から帰ってきていたチームに合流しました。打ったり投げたりといった野球の練習ができるようになるのはまだ先でしたが、二軍の施設がある鳴尾浜で「野球ができる体」を取り戻していく段階に移っていくこととなり、このタイミングで初めて会見の場を設けていただきました。

朝、鳴尾浜へ向かう前に一軍で戦う方々にもあいさつがしたいと思い、甲子園にあるクラブハウスにも立ち寄らせてもらいました。皆さんが笑顔で迎えてくれたときは「あぁ、帰ってこられた」とホッとした気持ちでした。ただ、鳥谷さんには「なんでこんな日に全身真っ黒なんだ？」と言われてしまって、服装選びに失敗していたことに気がつきました。晴れやかな新しいスタートの日だったのに、僕自身がそんな格好をしていてはダメでした（笑）。

平田勝男二軍監督にお会いすると、泣きそうな顔をされていました。僕が入団したころも二軍監督をされていて、10代のころからずっとお世話になっていました。どんなときも明るく厳しく指導をしてくださった方でしたし、本当にご心配をおかけしてしまったのだと思います。ですが、いつもだったら誰よりも楽しい方なので、僕も思わず「初日なのにそんな寂しい顔をしないでくださいよ！」と言ってしまいました。その後「原口とどんな話をしたんですか？」と報道陣の方に聞かれた平田監督は「苦言を呈されたよ！」と頭をかいていたそうです。

そんな、まったく「苦言」というわけではなかったのですが、この日の僕はみんながいる球場に戻ってこられたことが本当にうれしかったのです。家から着てきた服は真っ黒でしたが、久びさにユニフォームに袖を通すことができて心は澄み渡っていました。グラウンドへ立てる日が、少しずつではありましたが見えてきていました。

前例がないなら僕が作る

1月24日まで自主練習をしてはいましたが、歩く以外に体を動かせなかった期間は約1カ月半にも及んでいました。練習を「やらない」のではなくて「やることができない」という状況は人生で初めてだったので、気持ちを抑えることにも想像以上のもどかしさを感じていました。前章でお話ししたような「腸の切ったところがくっつくのを待つ」という段階からは次へ進んでいたのですが、はやる気持ちと休み過ぎていた体のバランスをうまく保ちながらリハビリを進めていく必要がありました。

阪神の球団クラブハウスには体重や体脂肪だけでなく、体の部位ごとの筋肉量などを詳細に測ることができる装置が用意されています。入院直前と退院直後にも測定させてもらっていたのですが、体重は「2・9キロ」、筋肉量は「3・2キロ」も落ちていました。チームに合流し、最初は軽いジョグ（ジョギング）やバイク（エアロバイク）が主なメニューとなっていきましたが、ずっとウオーキングしかできていなかったこともあり、最初はすぐに疲れたり、息が上がったりで「いきなりのペースアップは難しいな」と実感させられていました。

どうしても前例がないことなので、周りの方たちは慎重に慎重を期してリハビリを進めようとします。それはそれでもちろん大変ありがたいことでもありましたが、僕は「前例がないなら僕が作る」という気持ちでいました。ある段階を過ぎてからは周りが何を言っても、自分の体の声に耳を澄まして「大丈夫、進められる」と確認して次のステップに進むようにしていきました。「5月のゴールデンウイークのところで甲子園のゲームがあるから、そこで復帰するんだ」というイメージは頭の中に鮮明にあったので、体にも同じことを指示できるように、目標へ向けて逆算して体を作り上げていこうとしていました。

3月の頭はジョグとバイクが中心でしたが、そのあとは徐々に体幹トレーニングであったり、腹圧を高めたりといったお腹に力が入るメニューも組み込んでいきました。そして、キャッチボール、ティー打撃へと移っていき、ここでようやくバットとミットを手にします。スイングをすること自体が2カ月半ぶりぐらいでした。4月3日にはキャッチングと、トレーナーさんに投げてもらってのワンバウンドをストップする練習、セカンドスローもやりました。4月10日が室内練習場でカーブマシンを相手に初めての本格的なバッティング練習。このあたりでようやく感覚を取り戻しつつあるのを感じて「思ったよりもいけるな」と思い始めました。

日に日に練習の強度が上がっていくことが純粋にうれしくてたまりませんでした。筋肉量も徐々にではありますが、入院前の値に近づいてきていて「このままなら目指していたとおりに状態を上げていけそうだ！」と手応えも出てきました。すべてが記念日のようで、誰に言われるでもなく日付のメモを残しています。4月12日にはブルペンに入り、投手を相手にしたキャッチングも行うことができました。

抗がん剤治療の影響

野球の練習が着実に進んでいく一方で、抗がん剤治療による影響も日常生活の中で出てきていました。僕の場合、気持ちが悪くなるとか吐き気が止まらないという症状は意外に出てこなかったのですが、日によっては血圧が下がって動けなくなってしまうこともありました。なかなか活力が湧かなかったり、体がしんどくなったり、病気になる前はほとんどできたことがなかった口内炎も当たり前のようにたくさんできました。

つらかったのは顔に反応が出たときで、まぶたや唇、首が腫れ上がってひりひりとして、かゆくてかゆくてどうしようもありませんでした。食べ物によっても体の反応が違ってくるようで、お刺身や生ものを食べてしまうと特にその腫れが強くなりました。この時点ではまだ抗がん剤治療をしていることは公にはしていませんでしたが、後で聞いた話では、記者の方たちの中には「今日、原口が泣きながら鳴尾浜へ現れたけど大丈夫かな……」と心配してくださった方もいたそうでした。まぶたを腫らしていたのは涙が出ていたわけではありませんでした。

手術の影響も、当然ですがまだ残っていました。お腹の切ったところが突っ張って気になるような症状もありました。野球をしていく上では腹部の捻転の動作が必要不可欠ですが、切ったところの張りやしこりは月日が経たないとよくならないと医師からは言われていましたし、このリハビリを進めている過程ではまだ少し気になっていました。あとは腸と一緒に体質的にも変わった部分があって、乳製品にも体が過敏に反応するようになりました。カフェラテを飲むのも以前は大好きだったのですが、牛乳を飲むと決まってお腹をくだしてしまうので、我慢するようになりました。どうしても飲みたいときは、ブラックにコーヒーフレッシュを少しだけ入れて代用していました。

球春の訪れ

チームは3月29日にシーズンの開幕を迎えました。この年はヤクルト戦（京セラドーム）での幕開けでしたが、僕はまたもスタンドに陣取って、その試合を見つめていました。たくさんいるプロ野球選手の中でも、僕ほど自分の所属チームの試合を現地観戦した経験がある選手はいないかもしれません。

とにかく「イメージ」が欲しかったのです。頭の中で、目の前の大観衆、大歓声の中へと自分を送り出していました。まだまだ続いていくリハビリのモチベーションとするためにも「チームとファンの皆さんと同じ空気を吸っておかなくちゃ」という思いでした。矢野監督となって初めて迎えるシーズンの1試合目を、どうしても近くで見ていたい気持ちもありました。

結果的にもチームがサヨナラ勝利を収め、最高の形で球春が訪れた瞬間をファンの皆さまと一緒に迎えることができました。野球選手である以上、グラウンドで迎えられない春は「悔しい春」に違いありません。ですが、グラウンドに立てることの素晴らしさも、プロ野球の興奮、楽しさも、このときにあらためて全身で感じることができました。僕の人生において、本当に多くの大事なことを経験できた春でもあったのです。

3月31日に訪れた娘の1歳の誕生日を一緒に祝えたことも、うれしかったことの一つでした。通常のシーズンであれば遠征に出ているか、甲子園でのゲームだったとしても朝から晩まで家を空けてばかりの生活をしていました。それが、このときに限っては〝病気のおかげ〟で家族水入らずで過ごせたのです。健やかな成長を祈って1歳で行うとよいとされている「一升餅」という伝統行事にもチャレンジしてみました。娘に重たい丸いお餅を背負わせて、ワイワイと楽しい時間になりました。僕がリハビリを進めていた期間がそのまま、いままさに歩き出そうとしている娘の一挙手一投足を間近で見つめることができた期間でした。つかまり歩きをし始めたのが3月4日。二、三歩でしたが、しっかりと歩くことができたのが、僕がチームに合流した翌日の3月8日でした。〝立ち上がろうとしていた〟のは僕だけではなかったのです。

桜並木を歩きながら

球春だけじゃなく本物の春がやってくると、家の近くの桜並木まで3人で散歩に行きました。写真も残っていて、4月8日のことです。初めて小さな靴を買ってやって、それを履かせて外を歩かせたのですが、すぐに泣いてしまって。何度か歩かせてやろうとしても、また転んで大泣きしてしまいました。

そのとき、近所のおじいちゃんとおばあちゃんがベンチに腰掛け、僕たち3人を見つめながら微笑んでいたのです。本当に何気ない瞬間でしたが、僕は自分が少し引いたところにいるような、2つの家族が重なって見えている感覚になっていました。僕たち家族と、将来〝老夫婦〟になることができた僕たちを見ているような……。まるでセピア色の写真を見ているような不思議な気持ちでした。少しの間、一人しんみりとした気持ちになっていました。

妻はいまでもよく、僕と娘が手をつないで歩く後ろ姿の写真を撮ってくれます。そのアングルが好きで、一緒に歩いているところを見るだけで「幸せがこみ上げてくる」と言ってくれていました。僕も同じ気持ちで、妻と娘がくっついているところを見るだけで幸せです。「死」を意識せざるを得ない告知を医師から受け、妻と娘のことを思ったあの日のことは一生忘れません。ずっと見ていたい。離れたくない。添い遂げたい。なのに、それは叶わないかもしれない――。当たり前のように、はるか遠くにあるものだと思っていた別れが、僕たちには現実のものとして近づいてきました。「いままで生きてきた人生に本当に満足しているか?」「まだまだ何かできたんじゃないか?」という自問自答が、あの日を境に僕の頭の中にはグルグルと駆けめぐるようになりました。その後に、家族と過ごせるかけがえのない時間をもらって、何も感じないわけがありませんでした。

限りある命の輝き、いまという一瞬一瞬を生きることの尊さ、そしてただ家族が一緒にいられるということの大切さが、全身に染み込んでいきました。春の匂いが流れる川沿いで、小さな手を握りしめて、ピンクの絨毯の上を3人でゆっくりと歩いているうちに、手放したくない幸せはまさにいまここにあるんだと感じました。

病気を経験した後、僕は「人生も野球も、もっともっと楽しもう！」といつも思っていて、口にも出しています。「いまを生きるんだ」と。それは、がんと分かったあの日に突然至った考えではありません。もう一度命を授かった僕に、妻と娘がゆっくりと気づかせてくれたことでした。

この気持ちを忘れずに

世の中は5月に「令和」の始まりを迎えていました。当初のプランからは少しだけ遅れていましたが、僕がゲームに戻る日もいよいよ近づいてきました。5月7日に二軍のチーム本隊に合流し、試合前の練習とシートノックに参加させてもらうことになったのです。

そして、翌8日の二軍戦、ウエスタン・リーグの中日戦（鳴尾浜）では実戦での打席に立つことになりました。バッティングも守備も、どれだけ練習ではうまくできていても、試合になれば感覚や反応といった部分の重要性が大きくなってきます。ここからは「野球ができる」だけじゃなく「一軍で戦える」という力を取り戻す段階へと入っていきました。

ところが、試合当日になると突然、猛烈な緊張に襲われます。ベンチから戦況を見つめていたときには大丈夫だったのですが「次の回、行くぞ！」と声をかけていただいたところから、急に自分の心臓の鼓動が聞こえ始めました。ベンチ裏で、これまでの代打ならどんどんバットを振っていって「よし、行くぞ！」という感じで気持ちと体を試合モードへと仕上げていくのですが、この日は緊張で全身が固まってしまい、スイングもろくにできませんでした。

それまでの野球人生でも経験がなかったことだったので、とまどいました。初めて一軍の舞台に立った２０１６年もまったく緊張はしませんでした。強いて言えば初スタメンのときや、受けたことのない投手とバッテリーを組んでランナーが三塁へ行ったときなどは〝ドキドキ〟しましたが、それはこのときの気持ちとはまったく違いました。

グラウンドへ出ていくと、決して大きくはない鳴尾浜のスタンドからとても大きな拍手をいただいて、たくさんの声援も耳に飛び込んできました。打席に入ると、スーッと緊張が抜けていって「アレ？　さっきまでのは一体なんだったんだ？」というくらい以前と同じように投手と向かい合うことができました。2球目を打って、いい感じで捉えはしたのですが結果はライトフライでした。でも、アウトとかそんなのを抜きにして、野球をやっているということが本当にうれしくてたまりませんでした。

ちなみに妻と娘も鳴尾浜まで来て見守ろうとしてくれたのですが……。僕が打席に入ったときにはちょうど、娘がスタンドの階段を夢中で登ったり降りたりして遊んでいて、しっかりとは見られなかったそうです。歩き始めたばかりの子どもはあんなに階段が好きなんだな、ということも娘が教えてくれたことの一つでした（笑）。

このときの阪神の二軍では、試合後に選手のうち誰か一人がヒーローインタビューのようにマイクを握ってしゃべるのが恒例となっていました。事前にはまったく聞かされていなかったのですが、平田二軍監督が「フミ、行け！」と指名してくださいました。何も考えていなかったので焦りましたが「野球はやっぱり楽しいですね、最高です!! 今日も応援ありがとうございました！」と思ったことをそのまま話した気がします。それ以外に思ったことなんて本当に何もなかったです。チームのみんなと一緒に、ファンの方々に見守られてプレーする野球ってこんなにも楽しいものなんだ、と。ただそれだけを噛みしめた日でした。また同時に「この気持ちを一生持ち続けてやっていくぞ」と、胸に刻む日になりました。

5月9日には指名打者で先発出場して2打数1安打。さらに翌10日には途中出場で捕手としてマスクもかぶらせてもらい、周囲の方たちの支えもあって少しずつ出場機会を増やしていくことができました。

5月11日からは二軍の和歌山（上富田）への遠征にも帯同させてもらえることとな

り、オフに入った18年の末からずっと一緒だった家族とも、久びさに別々で過ごすときがやってきました。妻は「ちゃんとご飯を食べられているかな？」「睡眠はとれているかな？」とずっと心配してくれていたようです。そばで支え続けてくれて、こうしてグラウンドへと送り出してくれて、どんな感謝の言葉を並べても足りないほど助けてもらいました。

ただ意外なことに遠征先のホテルへ着くと「いつ以来だろう」と思うぐらい一度も目覚めずにグッスリと眠れました。家ではいつも3人で「川の字」で寝ていたので、隣でスヤスヤと寝息を立てている娘をつぶしてしまわないかと、心配で思うように寝返りが打てなかったのです（笑）。この時期からはもう「なんとしても一軍へ戻るぞ」と、そのことしか考えていませんでした。

遠征先では、忘れられない出会いもありました。5月17日から広島の二軍球場がある由宇への遠征に行った際には、赤松真人さん（現・広島二軍外野守備走塁コーチ）とお会いすることができました。過去に胃がんの手術を受け、再びグラウンドへ戻られていた赤松さんの存在は僕の中でもずっと大きなものでした。以前、阪神でプレーされていたときはまだ僕の入団前だったので、直接の面識はなかったのですが「体調、大丈夫か？ 頑張ってな」と優しく声をかけていただいたときは本当にうれしかったです。

5月24日からの中日戦（ナゴヤ球場）への遠征では思いがけず〝お宝〟をゲットしてしまいました。室内での練習中、一本のキラキラ輝いて見える褐色のバットに吸い寄せられた僕は思わずそれを手に取りました。「あぁ、いいなぁコレ……」と握っていたら、それがなんと、すぐそばでバッティング練習をしていた松坂大輔さん（現・西武）のものだったのです。そんな僕を見かねて、松坂さんは「それあげるよ。筒香（嘉智）モデルをちょっと改良したんだ」と、プレゼントしてくださいました。これは僕のただの自慢話です、すみません（笑）。ですが、埼玉県生まれで「西武のエース・松坂大輔さん」をずっと見てきた身としては、感激してしまう出来事でした。その後のバッティング練習から思いっきり使わせてもらい、いまも大切に手元に置いています。

一人の野球人として、尊敬する皆さんがいるグラウンドにまた戻ってこられた喜びを、僕はあらゆるところで感じていました。

甲子園への思い

ただ、肝心のバッティングの状態はなかなか上がってきませんでした。試合で打席を重ねさせてもらっても、手術の前に自分が持っていた感覚とのギャップがなかなか埋まらなかったのです。結果がついてくるはずもなく、打率は2割前後をさまよっていました。

「このままでは一軍へ行っても活躍できない……」

日を追うごとに頭の中が危機感でいっぱいになっていきました。一軍へ行くならば絶対にチームの戦力にならなくてはいけない、ということは当初から強く思い続けていました。多くのファンの皆さまが待っているグラウンドに立てるだけでも、もちろん素晴らしいことです。でも、そこへたどり着く資格を得るには、まず自分自身が「必ず仲間やチームの力になれるんだ」という自信に満ちていなくてはいけないと、分かっていました。自分の中でも〝最後のハードル〟という意識があって「活躍できないなら、支えてくださった方たちへの恩も返せない」「病気の人たちや多くの人に何かを感じてもらいたいのなら、戻るだけじゃダメだ」と考えていました。まったく打てる感覚もなく、なかなかそこを越えられる気配もなかったこの時期は、正直なところ焦りを感じるようになっていました。

そうこうしているうちに、一軍へ戻るつもりだった5月は終わりに差し掛かっていました。5月31日と6月1日には二軍のソフトバンク戦が甲子園で開催されるタイミングがあり、思い描いていた形とは少し違ったのですが、ファンの方に見守られて甲子園でプレーする願いが叶うこととなります。いつも僕の応援グッズやタオルを掲げて駆けつけてくださるファンの方たちも、たくさん見にきてくださっているのが分かりました。

甲子園への思いは何度足を踏み入れても変わることはありません。びっくりするくらい広くて、土と芝の匂いがして、息を飲むほどきれいで……。高校3年の夏に開会式で初めて訪れたあの日以来、うれしいことも悔しいこともたくさん味わってきましたが、ずっと魅せられっぱなしの大切な場所です。練習前の誰もいないスタンドを登っていき、アルプススタンドの頂上から球場全体を見渡すのが一軍で過ごしていたときの密かな楽しみでした。「ここに4万人以上の人が入るんだな……」と思って一人でゾクゾクしていました。

いつも鮮明なイメージを欲してしまう僕には、この二軍戦での2日間は必要なものだったのかもしれません。「次は一軍で戻ってくるぞ！」と誓うことができましたし、現実にここで何か不思議な力を授かったのかもしれないと思っています。

急に光が射して

6月2日は同じソフトバンク戦でしたが、兵庫・丹波市の春日スタジアムに場所を移しての地方開催ゲームとなりました。そこで3回に復帰後初めてのホームランが出て、僕の中の感覚も、その後の運命も一気に変わっていったのです。

「もうちょっとかな……」と思っては「いや、これは違うな……」と手放す、そんな試行錯誤を直前までずっと重ねてきていたのですが、あの当たりが出た瞬間にいきなり自分の中のいい感覚が出てきたのです。頭の中で考えるやりたいことと体の動きがバッチリと合って、急に「これなら打てる」というものをつかめた気持ちになりました。

そして、バスで二軍本拠地の鳴尾浜まで帰り、そこから自分の運転する車で家へ帰ろうと思ったときにスマートフォンが鳴りました。「明日から一軍へ来てくれ」というチームからの連絡でした。

聞いた瞬間から胸のドキドキが止まらなくて、深呼吸をしてから妻にも電話で報告をしましたが、妻も「えーっ!?」と大声を上げていました。この日が日曜日で、火曜からはもう交流戦が始まることも分かっていました。指名打者制がある交流戦が一軍へ呼んでいただける一つのタイミングかもしれないということは、僕の頭の中にもありました。そこへ自分自身の状態を〝間に合わせられなかった〟という自覚も前日までは正直あったので「すぐに上げていただくのは難しいかな……」と思っていたところでした。ただ、こうしてチャンスをいただけた以上、もうやってやるぞという思いしかなかったです。

舞台は千葉でした。6月3日、交流戦開幕を翌日に控えたチームに合流するべく僕は新幹線に乗り込みました。妻と娘も同行してくれて、東京駅までずっと娘を抱っこしていましたが、この車中では自分でもびっくりするくらいよく眠れました。チームの宿舎に到着して記者の方たちに囲まれてから、自分の中でもパチッとスイッチが入った記憶があります。「戦いの場に戻ってきたんだな」という自覚と、熱いものがこみ上げてきました。

目の前が真っ暗になった日には、もう二度と立つことはできないかもしれないと考えてしまったこともあった超満員の球場が、目と鼻の先にありました。どんなときも支えてくれた家族と手をつないで、僕はその光の中へと飛び込んでいきました。

2019年6月4日のロッテとの交流戦（ZOZOマリン）から一軍に合流。
待ち焦がれた舞台に背番号94が戻ってきた

第5章

「ここに立つために」

一軍復帰の打席へ

ドキドキも涙も、僕には必要ありませんでした。緊張は二軍戦で十分過ぎるほど味わって済ませていました。こみ上げてくる感情はもちろんありましたが、ずっとこの日がやってくることだけを信じてイメージしてきたので、しんみりとしたものではなく「みんなに見てもらいたい！」「ここからチームに貢献していくぞ！」というワクワク感ばかりでした。

6月4日、ZOZOマリンスタジアムで行われたロッテ戦が、僕の一軍への復帰戦となりました。家族も友人もみんな現地へ駆けつけてくれて、球場入りしてグルッと360度をプロ野球ファンの方たちに囲まれたときから、もう幸せでした。試合前の練習では松坂大輔さんにもらったバットをブンブンと振って、いい感触でした。

プレイボールがかかると、ベンチで出番に備えました。チームは先制し、一度は追いつかれましたが、ウメ（梅野）のホームランで5回に1点を勝ち越します。一軍の一員として一球一打の熱や重みをそばで感じられることだけでも、この上ない喜びでした。ちょくちょくベンチ裏へ回っては代打への準備を繰り返し、打順のめぐりなどを頭に入れながら「なかなかタイミングは来なさそうかな……」と平常心でゲームを見つめていた記憶があります。やはり二軍戦に復帰した日の経験があったので、あれ以上の緊張感はもうないだろうと思うとどっしりと構えることができましたし、これまでのシーズンと同じようにゲームに入り込むことができていました。

そして、ついに「行くぞ！」と声がかかります。7対3とリードした9回一死三塁で、矢野監督に送り出していただいたのです。ネクストバッターズサークルへと歩を進めた瞬間に、経験したことがないような〝どよめきの波〟にドバーッと飲み込まれます。あの感覚は忘れられません。打席に入っていた前の打者には申し訳なかったのですが、ベンチから出ただけで大きな歓声に迎えていただきました。すごく独特な、球場でしか味わえない空気で包んでいただいて、興奮が湧き上がってきました。

礼をしてから打席へ入ることは決めていました。なんとかして感謝の気持ちを表現したかったのです。アンツーカーのところに入る前に立ち止まり、ヘルメットを取って、支えてくださった多くの方たちのことを思ってお辞儀をさせてもらいました。治療やリハビリに携わってくださった医師や看護師の方々。家族や親友、恩師。球団、首脳陣の方々にチームメート、チームスタッフ。そしてファンの方々——。関わってくださったすべての人が、僕を球場まで連れてきてくれました。バックネット裏のスタンドで見守ってくれていた家族には「行ってくるね……」と心の中で声をかけました。ロッテファンの皆さんもたくさんの拍手で打席へ迎えてくださり、野球人として本当に幸せで選手冥利に尽きる瞬間を迎えることができました。

僕のすべてで

プロに入ったバッターはみんな一軍に定着し、自分だけのヒッティングマーチができることを大きなモチベーションにしています。僕も「ここに立つために　鍛え抜いた日々よ」の歌詞で始まる応援歌を作っていただいた2017年の春には、飛び上がって喜んでしまいました。一軍に上がるまでの期間は長かったですが、その日々を歌詞の一つひとつの言葉で表現してくださって、皆さまと共有できていることが本当にうれしかったです。

この打席でも力いっぱいの歌声を球場中に響かせてもらい、しっかりと僕の心まで届いていました。すべては「ここに立つため」だったんだと、本当に心から思える舞台を作っていただきました。そして、そこからは僕のすべてで皆さまの心を震わせるだけでした。初めて対戦するレイビン投手の速球に備えようと集中して〝音のない世界〟に入っていきました。「とにかく打ってやる」と、その一心でした。

1、2球目はタイミングがまったく合っていないファウル。あっという間に追い込まれて、これはダメかな……と見守ってくださっていた方々も思ったかもしれません。誰より僕自身が「これはマズいな……」と感じていました。それでも自分の持てる力のすべてで対応していくしかありません。高めの152キロを見送り、カウント1―2となって、続く4球目に必死で食らいつきました。手のひらにはしっかりと捉えた感触があり、レフトへと上がっていった打球を見て、僕は無我夢中で走り出しました。

「あっ、頭を越える……」

ほんの一瞬、思い描き続けてきた「復帰戦ホームラン」が現実となるのかとも思いましたが、フェンスへ直撃するのは一塁ベースを回るあたりでしっかりと目視しました。「あぁ、いいクッションだ……」。クッションボールを鮮やかに処理する左翼手の姿もはっきりと見えました。でも、僕はもう止まることなんてできなかったのです。「行ける！」と躊躇することなく突っ込んで、無心で二塁にヘッドスライディングをしていました。頭から飛び込んだのは何年ぶりかも思い出せないくらい久しぶりのことでした。ギリギリというか、ほとんどアウトかもしれないタイミングでしたが、なんとかセーフになって立ち上がって顔を上げると、ベンチのみんながガッツポーズをしてくれていました。〝音がある世界〟に戻り、ものすごい歓声と拍手が押し寄せて

2019年6月4日のロッテ戦(ZOZOマリン)で一軍復帰。魂がこもった一打を放ち、二塁ベース上で会心のガッツポーズ

くるのを感じて、球場の真ん中からスタンドを見ると家族の姿がハッキリと確認できました。うれしくてたまらなくて、思わずそちらの方向へも拳を突き上げていました。

代走を告げられて三塁側ベンチへ戻っていくと、待ち受けてくれていたチームメートたちとハイタッチをしました。ホームランのときとは逆向きで、ベンチ前を外野側から本塁側へ進んでいきます。列の真ん中あたりまできたところで、突然視界に現れた矢野監督からボールを差し出されて驚きました。後で映像を見て〝流れ〟を知ったのですが、一塁を守っていた鈴木大地選手（現・楽天）が、僕が打ったボールを拾って阪神ベンチへと転がしてくださって、それを矢野監督が手にして直接渡してくださったのでした。

1月のあの日に電話越しにいただいた「フミ、俺は待ってるからな」という言葉も、キャンプ中の2月に贈ってくださった2冊の本も、僕にはずっと希望でした。矢野監督がいつもおっしゃる「誰かのために」「誰かを喜ばせたい」という思いこそが、まさに僕の原動力で、それに突き動かされたからここまで戻ってこられました。「今日はどこかで絶対使いたいと思っていた」と試合後におっしゃっていたのも後で知り、とてもうれしかったです。「すべてがドラマとか映画のような感じやったね」ともコメントしてくださっていましたが、僕からすれば一軍へ呼んでいただいたタイミング、送り出していただいた場面も含め、矢野監督による「脚本・演出」のように思えました。

いただいたボールはケースに入れて「ロッテ戦　復帰後初ヒット」と記し、今でも大切に自宅に飾っています。ロッテ球団の皆さまのご厚意によって、決勝打のウメと復帰戦の僕の2人をヒーローインタビューに呼んでいただきました。

ホームランではなく、タイムリーになりましたが「フェンスに当たったことでかえって元気に全身で野球を楽しむ姿を見せられたかな……」と、そんな考えがふと頭をよぎったりもしました。あとはもう「楽しかった」「うれしい」「やったんだ」という〝子どものような感想〟しかありません。うまく言い表せないのもありますが、野球を始めたばかりの少年時代のような、楽しくてたまらない気持ちだったのです。野球人生の第2のスタートを切った日にグラウンドを駆け回る姿を見せることができ、チームも勝つことができました。支えてくださった皆さまのおかげで「6・4」を最高の日とすることができました。

「ただいま」のサヨナラ打

6月7日の日本ハム戦で、ついに一軍での甲子園のゲームに帰ってくることができました。超満員の絶景は、高校時代に初めて足を踏み入れたときと同じように言葉にできないほどの素晴らしさで、うれしい気持ちで胸がいっぱいでした。皆さまが拍手で迎えてくれた瞬間は、本当にギュッと胸をつかまれたようで「これが感動するということなんだ」という感覚を体感させていただきました。

帝京高の1学年先輩にあたる杉谷拳士さんとも、このタイミングでお会いすることができました。皆さまご存知のとおり、本当にいつもまぶしいくらいに明るい方ですが、病気のことを知った1月にはものすごく心配してくださって、すぐにメッセージをくださいました。それからも、いろいろな取材やご自身のSNSでも僕のことをご紹介してくださったり、勇気づけていただいたりして、本当にうれしかったです。このときに甲子園で撮ったツーショット写真は、杉谷さんもファンの方にご紹介してくださいましたが、僕も大切に保管してあります。

出ていくたびに全打席でものすごい大歓声で迎えていただいて、なんとか結果を出したかったのですが、うまくいくときばかりではありませんでした。7日は2対2の同点だった6回二死三塁という絶好の勝ち越し機で代打に送り出していただきましたが、有原航平投手（現・レンジャーズ）の前に空振り三振に倒れてしまいました。翌8日も、鍵谷陽平投手（現・巨人）に遊ゴロに打ち取られてしまいました。この時点で復帰戦から計4打数1安打で、戻ってきたうれしさと悔しさの狭間でもがく日々が始まっていました。そして、3連戦の3戦目、6月9日を迎えます――。

この試合、1対3の2点ビハインドからチームが同点に追いついた7回あたりで僕はネクストバッターズサークルまで出て行っていました。そこでは敵失で得点が入ったために出番が訪れずベンチへ下がったのですが、「これは最後にいいところで回ってくるな」というイメージが、自分の中で鮮明に湧き上がっていました。

代打に備えるとき、指示がある場合ももちろんありますが、指名打者がないセ・リーグでは当然、投手の打順での出番を想定して準備を進めるケースが多くなります。このときは同点の9回二死から七番だったシュン（髙山俊）の中前打と、八番に入っていたジョー（北條史也）の右前打が出て、僕が待ち構えていた九番の投手の打順まであっという間に回ってきました。急ではありましたが、描いていたイメージどおりでしたし、もちろん準備はできていました。盗塁もあり、二、三塁となって、あとは自分のバットで、帰ってきた甲子園では初めての「H」のランプを灯すだけでした。

緊張はここまで来たらもう、まったくしていなかったと思います。喉から手が出るほど打ちたくて、これより前にも後にも経験したことがないほどに集中できていました。カウント1―1からの3球目。秋吉亮投手の手からボールが離れるところから、すべてがスローモーションに見える不思議な感覚に陥りました。夢中で伸ばしたバットにうまくボールを乗せることができて、真っすぐ飛んでいく打球もゆっくりと見えました。

「落ちろ！」

走り出しながら心の中でそう叫んでいました。センター前の緑の芝生にボールが弾んだところから、世界がまた動き出した感覚でした。次の瞬間には、もうみんなにもみくちゃにされて、水をかけられて、何がなんだか分からないまま目の前に現れる人と次々に抱き合って叫んでいました。見上げたスタンドが地鳴りを上げるように揺れていて「やった！」「打てた！」「みんな見てくれているかな？」と一気にうれしさが湧き上がってきました。

「みんなただいま〜!!」とお立ち台で叫んだあの言葉は、無意識に口からあふれ出て

6月9日の日本ハム戦(甲子園)では
ドラマチックなサヨナラ安打。全国
の野球ファンに大きな感動を与えた

Joshin
Tigers
3
UMENO
44
NAGASAKA
39
Joshin

いました。大切な人たちが待つ我が家に帰ってこられた、という表現がピッタリの最高の気分でした。「ここに立つために」歩んできたんだと、この日もまた思っていました。病院のベッドで横になっているときから思い描き続けてきた「甲子園で活躍する日」が、こんなにも早く訪れて夢のようでした。現地で見つめてくださった4万6622人もの方々、そしてテレビの向こうで見守ってくれている方々に「戻ってきたよ〜!!」と大声で伝えたい一心で、気がついたら声を張り上げていました。

妻と娘は7日のゲームは現地で観戦してくれていたのですが、このサヨナラ打の日は自宅からテレビで見守ってくれていました。まだ〝画面の中のパパ〟の存在に気づいていなかった当時1歳の娘は、いつも幼児向け番組にかじりついていて、そちらを見たがることが多かったのですが、どういうわけかこのときだけは野球中継を受け入れてくれていたそうです。妻のほうは「絶対に決めてくれるだろう」という予感があったらしく、テレビの音量を上げて娘と一緒にジッと見つめていたと、家に帰ってから教えてもらいました。妻にはすべてが〝思ったとおり〟だったので、打った瞬間も

「やったね！」と思ったくらいで、自分でも意外なくらいに冷静だったそうです。

そんな肝の据わった妻も、7日に甲子園で目の当たりにした、僕が打席に入ったときにファンの方々からいただいた拍手と歓声には「こんなにも多くの方々に愛されているんだ……」と感極まっていました。いろんなことを思い出しながら「やっと戻って来られた」「ここまで本当によく頑張ったね！」と思ってくれていたと、のちに教えてくれました。本当にどんなときも一緒に歩んで支え続けてくれました。ファンの皆さまのおかげで、妻の苦労に少しでも報いることができた気がして、僕はまた幸せな気持ちになりました。

「がん友だち」

その後も一軍で出場を重ねていけばいくほど、お会いしたかった多くの方たちとの出会いが実現していきました。6月18日の楽天戦（倉敷）では、解説のお仕事でこられていた元・日本ハム監督の大島康徳さんと初めてお会いすることができたのです。試合前の練習中に関係者の方から「大島さんが原口を探している」と伺い、あわてて僕も大島さんを探して、ベンチ内でご挨拶をさせていただきました。

「俺たち〝がん友だち〟だからな、頑張ろうな！」

そう力強い言葉をかけてくださって、一緒に写真も撮ってくださいました。大島さんも僕もステージは違いましたが、大腸がんでした。ブログを拝見したこともちろんありましたし、治療の様子や近況を詳しく書かれていたり、それが記事になっていたりするのも何度も読ませていただいていました。体調が良くないことも記事で拝見し、ずっと気になっていたのですが……。21年6月30日に亡くなられたとお聞きしたときには、ただただショックでした。最後まで見事に自分の病状を語られて。ものすごいことだと感じていました。遺された《俺の寿命を生ききったということだ》という言葉も、これまでに感じたことがないような力強いものでしたし、僕の胸にも深く響きました。《楽しかったなぁ……》とも振り返られていて、本当にすごく濃密な人生を送られてきたんだなと。「僕も大島さんのようにすべてをやり遂げてみせるんだ」と、また自分自身に強く誓いました。

あの倉敷でお会いしたときの優しいまなざし、がっちりと握手していただいた手のひらの力強さと温もりを忘れることはありません。僕にも、がんを越えて伝えていきたいことがあります。大島さんの魂を胸に、僕も自分にしか歩めない《この道》をしっかりと歩んでいきたいと思っています。

「特別な日」に訪れた吉報

19年の交流戦も終わり、夏が迫ってきていました。セ・リーグとの対戦に移っていくと、真剣勝負の合間にまたたくさんのうれしい再会がありました。7月5日からの甲子園での広島戦では鈴木誠也選手が会うなり、いきなりハグをしてくれたのです。学年では3つ下で、もともと共通の知人がいたというわけでもなかったのですが、彼の律儀な性格のおかげで縁がありました。対戦したことはもちろんなかったのですが、東東京で帝京高としのぎを削っている二松学舎大学付属高から入団してきたということで、プロ入りから間もない時期に「二松学舎の鈴木誠也です」と彼のほうから挨拶に来てくれていました。本当にファンの方たちが抱くイメージどおりの〝男らしさの塊〟のような、でも可愛げもある選手だと思います。当時は僕もまだ二軍にいたのですが「いい子だし、すごいバッターだな」と思っていたら、あっという間に「ニッポンの四番」になってしまいました。出会った当時も、この病気から僕が戻ってきたときにもとても温かく接してくれて、1人の打者としても人としても見とれてしまうような男です。

7月8日からの甲子園の巨人戦では坂本勇人選手も話しかけてくださって、復帰を労ってくださいました。坂本選手の〝懐の深さ〟には敵として対戦したときにも、こういった何気ないときにも、いつも圧倒されてばかりです。坂本選手も鈴木選手も、どちらも手強い打者ですが「こんな選手たちと同じグラウンドに立って、また野球ができて本当に幸せだ」と心から思わせてくれる存在でした。

交流戦ではスタメン出場する機会も与えていただいたのですが、この7月上旬の時点でも僕の打率は2割前半にとどまり、パッとするものではありませんでした。出たいという希望を抱いていたオールスターゲームは、もうすぐそこまで迫ってきていて、ファン投票も、選手間投票も、監督推薦も続々と選出選手が決まっていき、あとは「プラスワン投票」という各リーグ1人ずつのファン投票での選出を残すのみでした。「とてもこの成績では出られないよな……」と思いながらも、心のどこかでは「何かの間違いで出られることにならないかな？」と期待したりもしていました。そのたびに頭をブンブンと振って「いやいや、出られないほうが当たり前なんだ」と自分に言い聞かせていました。出られないと決まったときにガッカリしないように、先に自分を慰めておくような気持ちもありましたし、何より「そこまで期待するのは欲張り過ぎだ」と自分でも分かっていました。ですが、朗報はすぐに届くことになります。

しかも、特別な日に——。

7月9日に巨人戦のために球場へ行くと、球団の方からいきなり「オールスターにプラスワン投票で選ばれた！」と告げられました。現実にこんな幸運なことばかりが自分に起こってもいいのだろうかと、これは夢の中の出来事なのではないかと、信じられない思いでした。実感がないまま、僕はすぐに妻にもメッセージを入れて報告しました。

あわただしくテレビカメラやマイクを向けられ、記者の方たちに囲まれて会見に臨みました。その夜の巨人戦を終えて自宅へ帰ると、ダイニングテーブルの上には可愛らしいチョコレートケーキが置かれていました。「オールスター出場おめでとう！」というホワイトチョコの大きなプレートも上に載っていて、妻も満面の笑みでした。実はこのケーキは、もともとは〝別の目的〟で予約してくれていたものだったのです。

「7・9」は、主治医の先生と話して「この日までは抗がん剤を続けていこう」と言われていた、ちょうど治療のひと区切りの、ずっと目指し続けていた日でした。妻は当初それを労おうとしてくれて「おつかれさま！」というプレートを載せたケーキを注文してくれていました。そこに、僕からの「本当にオールスターに出られることになっちゃった」という一報が舞い込んで、急きょプレートの裏面にもメッセージを追加してもらったというのです。

「神様って、やっぱりいるんだ……」

このあたりで僕は完全に〝不思議な力〟を信じざるを得ない心境に至っていました。僕たち家族にとって特別だった日に、あきらめかけていた、わがまま過ぎるかなとも思っていた願いが叶ってしまったのです。練習時間にもご配慮をいただいたり、監督やコーチをはじめとしたチームの方々の理解と支えがあって、僕は何とかここまで抗がん剤治療を続けながらプレーをすることができていました。そして、血圧の低下や顔の腫れなどには悩まされましたが、耐えられてプレーをし続けられる範囲の体調の変化にとどまった幸運もありました。その治療の終わりにこんな結末が、こんなご褒美が舞い込むなんて……。もしマンガや映画の世界だったとしても、あまりにもうまくいき過ぎのストーリーだと思いました。

実際の投票では、2日間という短い時間でインターネット、ツイッターを合わせて「6662」もの票をいただいていました。タイミングは神様のおかげだったとしても、起きていることのすべてがファンの皆さまのおかげでした。シーズンが開幕したときからずっと出場していた選手もいる中、数字的にもしっかりとしたものを残せていない、途中から復帰した僕をこんなにも後押ししてくださって……。本当に、ただただうれしかったです。

「元気な姿を、野球を楽しむ姿を見せてきなさい」
「お世話になった人たちにお礼をしてきなさい」

ファンの皆さまと神様が、そう言いながら手渡してくださったオールスター行きのチケットに思えて仕方がありませんでした。「もう結果は気にせず、3球三振でもいいから、とにかく豪快に振ってやるぞ」という気持ちだけでした。

尊敬する野球人と

「最後の1人」で選出されたこともあって、オールスターゲームの当日はあっという間に訪れました。7月12日、僕は一緒に選出されていたチームメートらとともに、第1戦の舞台である東京ドームにやってきました。子どものころから「聖地」のようにあこがれ続けた場所に立って、普段なら巨人の選手らが使っている一塁側ベンチに足を踏み入れていることが、阪神の一員としてとても不思議な気分でした。当然ですが、一塁側ベンチ裏のエリアに阪神の選手が入る機会はなかなかないので、そこを見られることもものすごく楽しみでした。「どういうロッカールームになっているのかな？」「どんな練習スペースがあるのかな？」と、思わず隅々まで目を凝らしてしまう自分がいました。

練習でも試合でも、多くの選手とお話しをさせてもらうことができました。ヤクルトの山田哲人選手は1学年下にあたりますが、僕が座っていると向こうから話しかけてきてくれて「病気に気がついたとき、何かきっかけみたいなものはあったんですか？」と尋ねてきてくれました。それで僕も、体からなかなか疲れが抜けていかなかったことや、人間ドックへ行こうと思ったきっかけなどを伝えさせてもらいました。

多くの会いたかった選手、話したかった選手が両軍ベンチにひしめいていましたが、広島の大瀬良大地投手も僕の〝最高の仲間〟の1人です。同い年ではあるのですが、もともと面識はありませんでした。ですが、僕が病気のことを公表した1月24日に彼も突然連絡してきてくれたのです。サダ（岩貞）と親交があったそうで、わざわざサダに僕の連絡先を聞いてメッセージを送ってきてくれました。

「報道見たよ。しっかり治してグラウンドに帰ってきてね」

「また真剣勝負ができることを待ち望んでいるよ」
「みんなで待ってるからね。焦らず慌てず、一歩一歩」

受け取った瞬間は驚いたのですが、誰もが素晴らしいと称える彼の人柄がひと言ひと言に詰まっていて、心に沁みました。とにかくうれしかったですし、僕も頭の中ですぐに、マウンドに凛と立つ彼と真剣勝負するときを強くイメージしました。たまらなくグラウンドへ戻りたい気持ちにさせてもらい、心から感謝しています。甲子園の広島戦で会えた際にも直接お礼を伝えにいきました。そして、このオールスターでも再会することができ、同じベンチで戦えて本当にうれしかったです。

ここまでも野球界の先輩方やチームメート、年下の選手からのメッセージや直接のやり取りをたくさん振り返らせてもらいましたが、こうしてこの本の中でご紹介させていただきたいと考えたのは「野球人って、仲間って、こんなに素晴らしいんだ」ということを、僕が感じたまま皆さまにも知ってもらいたいと思ったからです。

僕らプロ野球で生きる人間は、日々しのぎを削って、互いの生活を懸けてグラウンド上でぶつかり合っています。僕はもともと知り合いが多いタイプの選手でもありませんでしたし、敵は敵だと、阪神の勝利のためにだったら「どんなことでもして打ち負かしてやろう」という気持ちを胸に秘めてさえいました。その気持ちはもちろんいまでも失っていませんが、僕がグラウンドに帰ってくると、他チームの首脳陣の方々も、あんなに嫌な相手だったあの打者も、手強いあの投手も、心配して言葉をかけてくださる方ばかりだったのです。握手をして「人と人」として温かく接してくれました。皆さまのことをもっともっとよく知ることができて「こんな方々と全力でぶつかり合えて、やっぱりプロ野球って最高だ」と気が付くことができたのは、この病気になったからこそ僕が得られた、大切なことの一つでした。そして、このオールスターはそんな尊敬する野球人の方々と一緒になってファンの皆さまを楽しませることができる、僕に与えられた最高の舞台でした。

めぐってきた打席

東京ドームでの第1戦は終盤に差しかかっていました。プラスワン投票での選出でしたし「明日の2戦目までの2日間で1打席でもいただけたらありがたい」と思っていました。ですが、故郷の埼玉・寄居町からは家族も駆けつけてくれていたので「やっぱり今日も出たいな……」という気持ちは、こっそりと心の隅のほうに忍ばせていました。

「最後、ここで行くぞ」と声をかけていただいたのですが、何度数えても、そのまま3者凡退で攻撃が続いていけば、出番が回って来ずにゲームが終わってしまうめぐりでした。「今日は僕は出られないな」という覚悟も、このときは少ししていました。

1対6の9回二死走者なしで、ネクストバッターズサークルへと出ていきます。打席には高橋周平選手（中日）が立っていて、僕は出番を待ちながら、心の声で必死にこう呼びかけました。

「高橋君、頼む！」

「出たい、出させてくれ……」

するとと高橋選手のバットから快音が響いて、打球はセンター前へと鮮やかなライナーで抜けていきました。「よっしゃ〜！」と心で思っただけでなく、もしかしたら声を上げたかもしれません。二死一塁となって「ありがとう、本当にありがとう！」と、何度も高橋選手への感謝を唱えながら、打席へと歩を進めました。映像を見返すと、やっぱりこのときの僕はニコニコしています。出られないとあきらめかけたオールスターの舞台で、もう回ってこないと覚悟した打席をいただくことができたのです。本当に、ご褒美の中のさらなるご褒美という感じで、もう思い切りバットを振るだけでした。

マウンドには山本由伸投手（オリックス）が立っていました。知ってのとおり、難敵の中でも屈指の難敵です。以前に交流戦で対戦した際にもカットボールに衝撃を受けた経験がありました。空振りをしたときにボールの軌道と自分のスイングとの〝接点〟がどうやっても作れない感覚があったのです。「対戦を何度も重ねていかないと対応できないボールだ……」とびっくりしていたのですが、そんな素晴らしい投手と、ここでぶつかることとなりました。

ただ、もうタイミングを合わせて、しっかり自分のスイングをするだけだと思っていました。152キロのストレートをファウルにして、ボールを挟んで、迎えた3球目でした。僕は真っすぐだと思って打ちにいったのですが、実際は148キロのカットボールだったようです。あんなに厄介だと思っていた球種を、狙いとは違ったのですが、どういうわけかものすごくいい感触で捉えることができました。低い打球でしたし、あんなに飛ぶと思っていなくて夢中で走っていたのですが、打球が左中間スタンドに消えていったときには、走りながら思わず自分で「うわ〜!!」と声を上げていました。

一軍に復帰してから1本も打っていなかったホームランが、こんなところで出るなんて――。もう、うれしくて、楽しくて、わけが分からなくなっていました。三塁ベースコーチを務められていた菅野智之投手（巨人）とも、興奮のままバンザイをするようにハイタッチをしてしまいました。ずっと続いてほしい幸せな時間でしたが、本塁はもう目の前です。「みんな、見てくれた⁉」と思い、母や家族が座っていたスタンドのほうへと手を挙げました。この夢舞台に立たせていただいたことへの感謝の気持ちで、ホームプレートをゆっくりと踏み、ヘルメットをそっと頭上へ掲げました。

たまたまこのとき一塁ベースコーチに立っていた大瀬良投手が本塁のすぐそばで待っていてくれました。感謝しても感謝しきれない、僕に打席をくれた高橋選手も出迎えてくれました。村上宗隆選手（ヤクルト）ともハイタッチをして、僕の大好きな野球人たちがズラッと並んで待ってくれている一塁ベンチへと歩を進めました。みんながものすごい笑顔でタッチを交わすなり背中をバシバシと叩いてくれるので、僕もうれしくてたまりませんでした。

カメラマン席のあたりまで進み、またスタンドを見上げました。座席から立ち上がって大きな拍手をしてくれている方、オレンジのタオルを振り回して祝福してくれている方の姿も見えました。父と何度も訪れた東京ドームが、僕の名前を呼んで、僕を包み込んでくれていました。復帰を目指し、ずっと最高のイメージを頭の中で描くようにしてきましたが、それすらはるかに超えた、信じられない光景が目の前に広がっていました。

また母や家族の姿を探し「やったよ!」「打っちゃったよ!!」と心の声で呼びかけました。本当に子どものようですが、野球をプレーできることが、こんな舞台に立たせていただいたことが楽しくて幸せで仕方がなくて、僕の心は完全に野球を始めたばかりの小学生のころに戻ってしまっていました。

ベンチに腰かけると、そばまで来てくださった巨人・原辰徳監督も「人生イチの当たりだろ!!」と声をかけてくださって「ハイッ!!」と答えました。人生イチが、こんな夢舞台で出てしまうなんて。とにかく元気に楽しんでいる姿を見せられたらと願っていたのですが、最高の結果を手にしてしまい、試合後の表彰式では敢闘賞までいただくことができました。

その日のセレモニーでは、照明が落とされた真っ暗な東京ドームがファンの皆さまのスマートフォンのライトで彩られて、幻想的な空間に変わりました。その雰囲気だけでも鳥肌が立っていましたが、僕の名前が発表された瞬間にいただいた大歓声で、また震えてしまいました。病気と分かったときには、宇宙のような暗闇を僕ら家族3人が〝独りきり〟でさまよっているような心境の日もありました。でも、実際は違ったのです。この表彰式のときの光景のようにずっと、暗闇の向こうでは多くの方が僕たちを見守り、照らそうと応援してくださっていました。皆さまの力で参加できるはずがなかった舞台に立たせてもらい、仲間たちにこの1打席をもらい、見られるはずがなかった東京ドームの中の〝満天の星空〟を見せていただきました。

野球の神様

7月13日の朝、僕らは新幹線に乗っていました。前夜のホームランから目を覚ましても、まだ次なる夢舞台が待ってくれていたのです。「みんなが待ってくれているぞ」「またフルスイングを見せよう」と胸を躍らせながら、オールスター第2戦が行われる本拠地、甲子園へと向かいました。

空からは雨粒が落ちていました。超満員のファンの方々が詰めかけてくださるはずなのに「どうなってしまうのだろう……」と天気が心配でした。東京ドームへは来られなかった妻と娘も球場まできてくれる予定でしたので、気が気ではありませんでした。そして、スターティングメンバーを知らされてひっくり返ります。「まさか！」と二度見か三度見した覚えがあるのですが「七番・DH」で僕の名前があったのです。前日の第1戦でも感じていたことでしたが、僕はプラスワン投票での選出でしたし「2日間で1打席いただければ……」と思っていた身でした。

それにも関わらず、本拠地でのゲームということもあってか、全セ・リーグの監督を務められていた広島の緒方孝市監督にこのように背中を押していただいて……。本当にどれだけ感謝しても足りないほどでした。ものすごくうれしくて、降りしきる雨のことなど気付きもせずに、聖地のグラウンドへ飛び出していきました。

当時ルーキーだったチームの後輩のチカ（近本光司）は先頭打者ホームランを打ってしまいましたし、みんな思い切りスイングしていました。僕には2対0の2回の先頭で打席がめぐってきましたが、最高の雰囲気の中で、ずっと決めていた通り全力で振り抜くだけでした。前日の「人生イチ」の感触が残っていた手のひらに、今度は「人生イチかニ」くらいの手応えがありました。雨とレインコートで少し白みがかった左翼スタンドへボールが消えていくのが見えて、また僕は白い歯をこぼしながらダイヤモンドを一周しました。東京ドームも最高でしたが、甲子園でいただく「超」が付くような大歓声は、やはり何物にも代えがたいものです。

ウメとは2者連続ホームランになり、チカに至ってはその後サイクル安打を達成します。球児さんがオールスターで投げる姿も、ベンチから目に焼き付けることができました。雨が降りしきる甲子園で僕は、心から尊敬する野球人たちとプレーできる喜びを噛みしめていました。

日本中でプロ野球の試合が1試合しか行われていない、あれだけ注目していただける日に、2日連続のホームランという形で元気な姿をお見せすることができました。実際に報道でもたくさん取り上げていただき、うれしくてたまりませんでした。僕が病気を経験してこの夢舞台にたどり着いたこと、多くの方に支えられ、どんなときも前を見つめて歩んできたことを少しでも多くの方に知っていただくことができたのなら、それこそが一番大事で、幸せなことでした。

実は、この日のホームラン後のベンチでのハイタッチを終えた後にも、僕はスタンドの家族のほうへと視線を送っていました。ですが「あれ、いない⁉」となって、座っていたはずの席のあたりをどれだけ目を凝らして見つめても、2人の姿が見つけられなかったのです。

帰宅後にそのことを聞くと、妻は「雨が強くなってきたから、ちょうど球場の通路に引き揚げてしまっていた」と教えてくれました。6月4日の一軍に復帰したロッテ戦は本当に数少ない例外で、復帰初安打をしっかりと見てもらうことができましたが、これまでもほとんどの〝打った打席〟は現地で見てもらえた試しがありませんでした。ですので、このときも見られなかったことを聞いて妙に納得したというか、それこそ風邪をひいても大変でしたし「雨の中、来てくれてありがとう」という思いだけでした。

このときの妻の話で、忘れられないことが一つあります。離れた席で見ていた知人が、興奮のあまり妻のところに駆け寄ってきて「すごいね……こんなことってあるんだね」と感極まっていたらしいのですが、そこで妻が「皆さん『野球の神様が打たせた』と言うんですけど、私は本人の力だと思うんですよね」と答えたというのです。こんなにもうれしい〝買いかぶり過ぎ〟はありませんでした。僕自身はそれを聞くまで間違いなく「野球の神様の力」だと思っていました。そんな節目節目で確率よく打てるような力もまだないですし、こんな最高の舞台で、一番目立つところで打ってしまって、ずっと不思議な力に導かれているような気持ちしかしていませんでした。でも……ずっとそばで見てきてくれた妻がそう言ってくれるのならば「僕の力」だったのかもしれません。

妻と娘が取り戻させてくれた「僕の力」に「野球の神様」が微笑んでくれた、夢のような2日間でした。

第6章　がんになって見えた景色

僕が生きて野球をやれる意味

オールスター後に始まった後半戦では、捕手だけでなく一塁手としても出場を重ねていきました。「抑えた、打たれた」「打てた、打てなかった」という〝白黒〟を背負う一選手として、チームの順位がかかってくるシーズン終盤を戦う日々へと突入していきました。

「原口で負けた」「あそこで原口が打っていたら勝っていた」と批評されることも、一軍で戦っていればもちろんあります。ファンの方々からのお言葉も、温かいものから厳しいものまで耳に届いてきます。これまでなら一つひとつの言葉がトゲのように胸に刺さって抜けなくて、こたえてしまっていたこともありました。でも、病気を経験した僕は「野球で悩めることが幸せなんだ」と知ることができたので、心の持ちようも変わっていきました。

チームが負けてしまうこと、自分が打てないこと、もっと言えば試合に出られないことも、そういう悔しさを感じていられること自体が、僕にとっては「ありがたいこと」になったのです。失敗はいまでも何度もしてしまいます。それでも、あえて言葉にするとしたら「失敗にとらわれてしまうのではなく、自分の長所を伸ばすことや成長することに目を向けて、どんな状況もポジティブにとらえてやっていこう！」というように考えられるようになっていきました。

2019年シーズン、チームは3位という結果で、僕が最終的に残すことができたのは「出場43試合、打率・276、1本塁打、11打点」という成績でした。節目節目の印象的なところで打つことができた日はとにかくうれしくてたまりませんでしたし、悔しい思いをした日にも自分自身の伸びしろと可能性を感じていました。妻も病気後の僕のことを「ポジティブさに磨きがかかった」と評してくれます。さらなる恩返しをしていくためにも、また思いきり練習に打ち込んで「もっともっと野球人として成長してやるんだ！」と前向きに歩んでいました。

「僕の活躍が力になるとすれば、本当に僕も生きてこうやって野球をやれる意味があると思うので。これからさらに頑張っていきたいです」

19年6月9日、日本ハム戦（甲子園）でサヨナラ打を放ち「みんなただいま〜！」と叫んだヒーローインタビューの終わりにも、このように〝所信表明〟をしました。少しかしこまった言い方にはなってしまいましたが、インタビュアーの方から「同じように病気と闘っている人にも意味のある一打になりましたね」と尋ねていただき、自然と出た言葉でした。

「使命」という言葉を使い「自分が病気と闘う姿で誰かを勇気づけられたら」という思いで踏み出した1月のあの日から、僕はひとりでに、見守ってくださる多くの方々と一緒に戦っている気持ちになっていました。入院中もリハビリの期間もずっと「僕がグラウンドへ戻ったら一体みんなどんなふうに喜んでくれるんだろう？」と思い描いていましたし、実際に6月に復帰した後には、以前までなら当然のようにあった「自分と、家族のためにもやらなくちゃ！」という〝エゴ〟のような意識が弱まって

自分が生かされたことの意味や使命を胸に、原口は今日もグラウンドで全身全霊のプレーを続ける

いるのを感じていました。「応援してくださる方たちのためにも、とにかく打ちたい！」という思いに置き換わっていたのです。

生き方も、1人のプロ野球選手としてのあり方も大きく変化していることを、自分自身でも日々感じていました。そして、この19年シーズンが終わったオフには、がんという病気にならなくては出会うことができなかった多くの方たちと直接お会いすることもでき、これまで見たことがなかった景色をくっきりと視界にとらえる期間となっていきました。

公表を迷った「ステージ3b」

19年11月21日、僕は知人の紹介で神戸市中央区の「チャイルド・ケモ・ハウス」を初めて訪問しました。小児がんなどの病気で医療ケアが必要なお子さんや若年成人の方々、そしてそのご家族のための施設です。ふれあう時間をいただき、柔らかいボールを使ったキャッチボールやゲームで遊んだり、子どもたちとの会話の中では「阪神の試合をずっと見ていたよ！」と教えてもらったりもしました。僕の方が元気をもらい、励まされてしまったひとときでした。

当時の僕は、大腸がんのステージが「３ｂ」だったことを公表できないままシーズンを終えてしまったことにモヤモヤとした気持ちを抱いていました。ステージ３はリンパ節への転移が認められた病期で、その中でも「３ｂ」は5段階の分類のうち２番目に重いものにあたります。原発巣（大腸に存在したがん）は手術ですべて取り除くことができたと担当の医師からも伺っていましたが、2月から7月まで抗がん剤治療を行っていたのも「ステージ３ｂ」に該当する状況であったことが理由でした。そして、この時点ではそれらの情報は公にはしておらず、球団内の一部の方にしか伝えていませんでした。

心配してくださった皆さまから「早期発見できてよかったね！」と言葉をかけてい

ただくたびに、複雑な気持ちでした。グラウンドに戻れるかどうかも本当にギリギリのところでしたし、治療やリハビリに携わってくださった皆さまや、チームの首脳陣の方々の支えがあってようやく実現したことだったのです。

胸の内にはずっと「どんな治療を経て、どのような道をたどって戻ってきたかは、一度しっかりとした形でお伝えしたほうがいいのかもしれないな……」という思いがありました。公表するかどうかをご相談させていただいた方の中には「そこまですべては明かさなくてもいいのではないか」と心配してくださる方もいらして、自分自身でも答えを見つけられないまま冬を迎えてしまっていました。そんなときに背中を押してくださったのが「チャイルド・ケモ・ハウス」でお会いした、院長の楠木重範先生でした。僕の病状のことや、いろいろなことをお話しさせていただいた流れの中で、楠木先生がこのように言ってくださったのです。

「大きな病気にかかって、こうして復帰して活躍してくれて。『ステージ3b』から復活してここまできたということを伝えてもらえたら、もっと多くの方々の背中を押せることですし、勇気や希望を伝えていただけることだと思いますよ」

がんと宣告を受けると、恐ろしい数字ばかりを目の前に突き付けられます。「ステージ」もそうですし、それに付随した「生存率」といったものも、絶望を引き連れ突如として目の前に現れます。「もう前が見えなくて歩めない」という人の手を取ってともに歩みたいと言うのなら、「希望になりたい」と口にするのなら、自分が立っていたステージも明らかにするべきなのだと、ここで気が付くことができました。その場で、大きな病気と闘う子どもたちと手と手を取り合ってふれあえたことも、僕が「使命」を果たすべき相手が誰なのかが、実感としてつかめるきっかけであったような気がします。

すぐに気持ちを固めました。球団の広報担当の方に相談させていただき、会見のようにお話しをさせていただく場を、もう一度だけ設けてもらう運びとなりました。[3]

日後の11月24日に、球団事務所まで足を運んでくださった記者の方たちを通じて、僕が経験した病状や治療の詳細を発表しました。ただの僕の自己満足だったのかもしれません。いきなり「実は早期発見ではありませんでした」と伝えて多くの方を驚かせてしまったでしょうし、ただ「かわいそうだな」「また注目されたいのか」という見方だけをされる方も、もしかしたらいたのかもしれません。でも、僕自身がどう見られようが、もう構いませんでした。

「あんな病状だった原口だって、いまも元気に野球をやっているじゃないか」
「だから、自分だって頑張ろう」

そう思ってくださる方が一人でもいてくださったら十分でした。「今度は僕が、どこかの暗闇の中にいる人たちを明るく照らしていく番だ」と、心の底からそう思い、すべてを明かすことを選択しました。

チャリティー活動への一歩

がんという大きな病気を経験し、そして「チャイルド・ケモ・ハウス」の皆さまにお会いできたことで、僕は世の中に存在する多くの支援活動のことを知り、学んできました。

阪神には、現役時代から「39矢野基金」を設立され、筋ジストロフィー患者の方や児童養護施設の子どもたちの支援を行っている矢野監督を筆頭に、プレーだけでなく社会貢献活動においても尊敬できる大きな背中を見せてくださる先輩方が何人もいらっしゃいました。

盗塁数分の車椅子の寄贈などを続けてこられた赤星憲広さんのことも、児童福祉施設や保育園などに登板結果に応じた玩具を寄贈されてきた能見篤史さん（現・オリックス）のことも、ずっと見つめていました。長く骨髄バンクの支援に取り組まれ、不登校児の公式戦招待なども続けておられた藤川球児さんの姿や、ご自身も1型糖尿病と闘いながら、同じ病気で苦しむ方々やそのご家族との交流活動などを続けてこられた岩田稔さんの姿も目に焼き付けてきました。「いつかは自分もそんな活動を……」というあこがれの思いは、ずっと抱き続けていました。

本来であれば、プロ野球選手になってすぐのころから自分にできる範囲の活動をコツコツやっていくべきだったのだと、いま振り返れば思います。「気持ち」が先に来るべきで「お金をたくさんもらえるようになったからやろう」というものではないはずです。ただ、若いころは自分のプレーのことで頭がいっぱいで、自分の手元のお金ではできることも限られているように思えてしまって……。なかなか身動きが取れないまま毎日を過ごしてしまっていました。そんな僕に、がんという病気がきっかけをくれたのです。「自分にしかできない活動が僕にもきっとある」と、目を覚まさせてもらいました。

先輩方が取り組まれてきたように僕も、自分の野球の成績に連動した形の貢献活動をしていきたいと考えました。「どの数字にすれば金額を伸ばせるだろう？」と何日も頭を悩ませて、ようやく決めたのが「(安打＋打点)×1万円」というものでした。

その額を「チャイルド・ケモ・ハウス」の方たちに寄付させていただくと決めたのです。がんのステージを公表した数日後に、この活動を始めることも発表させていただくこととなりました。ふとしたときにも、僕が訪問して少しふれあえただけで喜んでくれた、あの日の子どもたちやご家族の皆さまの表情を思い出します。練習をしていても「もっと結果を残さなくちゃ」と何度も奮い立たせてもらいます。野球を頑張ることと、誰かのために役立てるということが、実感できる形でつながっていったのです。「僕が生きて野球をやれる意味」にまた一つ大事なものが加わって、モチベーションとなっていきました。

がんと闘う方々とつながって

周囲の方々の力をお借りして「チャリティーラン」のイベントを開催したときにも、ファンの皆さまをはじめ本当に多くの方々にご賛同、ご参加いただくことができました。

そして、皆さまからお預りした寄付金のチャリティー先の一つには「deleteC（デリート・シー」というNPO（特定非営利活動）法人を選ばせていただきました。「がんを治せる病気にする」という思いで、がん治療研究を行う医師や研究者、研究機関を支援するプロジェクトを進められていると伺い、僕も少しでも応援の輪を広げられたらという思いでした。

日本人が一生のうちに「がん」と診断される確率は、2人に1人だと言われています（男性65％、女性50・2％、国立がん研究センターの『最新がん統計』より）。それでも毎日を忙しく過ごされている方にとっては縁遠く感じられるものです。どうしても、ご自身やご家族といった身近な方が大きな病気を経験された方でなければ、こういった活動が行われていることについて知る機会もなかなか訪れないと思います。他ならぬ僕自身が、自分で病気を経験する以前まではずっと無知でした。

さらに研究が進んでいき、がんで苦しむ人、悲しむ人が減っていく未来が待ち遠しくてたまりません。幸運にもプロ野球選手であり続けられた僕には、がんから復帰した過程以外にも、こういった面を皆さまにお伝えしていく「使命」があると気が付きました。さまざまなプロジェクトが進められていることに対して、一人でも多くの方に心を寄り添わせていただけたらと願うようになっていきました。

がん保険のテレビコマーシャルにも出演させていただくことができました。たくさんのメディアでも取り上げていただき、がんが見つかったときのことや、チャリティー活動についてもお話しをさせていただくことが実現していきます。元々僕のことを知ってくださっている方々には、病気のことや僕が始めたチャリティー活動のことも詳しく知っていただきたかったですし、野球にも僕にもあまり興味がないような方々にも「26歳だったプロ野球選手がこんな経験をしたんだ」ということを通じて、病気のことなどを知ってもらえれば、という思いでした。

ただただ「一人でも多くの人の早期発見、早期治療につながってほしい」と――。世の中の方たちが笑顔で元気でいられることに対して、僕のような人間が少しでも力になれるのならば、どんなことだってするつもりでした。

リアルを伝えることも「使命」

チャリティーランの寄付先には「日本対がん協会」もあり、その後は「東京マラソン2021」のチャリティー・アンバサダーに就任させてもらう機会もいただきました。がんと闘われている多くの団体との交流が生まれていき、ますます背筋が伸びる思いでした。『日本消化器病学会』の健康情報誌に取り上げていただいた際には、関西労災病院で下部消化器外科部長を務められている畑泰司先生と対談する機会を頂戴しました。たくさんのお言葉をいただいた中でも特に僕がハッとしたのは「原口さんが経験してきたことのリアルを伝えていってくれることが、他の患者さんのためになる」という、先生からの〝お願い〟でした。

僕が経験した大腸がんの「リアル」には、一般の方たちが患ったときに社会復帰への大きな妨げになるような厳しい一面があります。

ここまでも少し触れてきましたが、トイレのことです。本来であれば語りにくいことではありますが、対談時に先生からこの言葉を授かったことで、僕は今回の本でもしっかりと、大腸がん経験者として自分も悩まされた排便の現実を記していきたいと思っています。

手術で腸が変化した後、食事を再開したときから「トイレから出られない」「トイレから離れることが怖い」という生活に一変してしまいました。リハビリの過程を振り返った章でも、1日に20回もトイレへ行き、歩く練習へ出かけたくても出かけられなかったことをお話ししましたが、そこでも記したように「これで本当に野球ができるようになるのかな……」と不安になるほどでした。

僕が恵まれていたのは、矢野監督をはじめとした首脳陣やトレーナーの方々、チームメート、球団関係者の皆さんが、抗がん剤治療もあった僕の体を気づかって、どんなときもサポートをしてくださったことでした。「試合に万全の体調で臨めるよう合わせてくれればいいから」といった言葉をかけてくださり、とてもうれしくありがたかったです。

体調によっては、グラウンドでの練習ではなく屋内で体を動かすことを認めていただいたり、真夏などには特に練習時間を短くしていただいたりもしていました。

20年2月に、2年ぶりに一軍の沖縄・宜野座キャンプへ参加できたことは純粋にうれしかったのですが、長い練習の中でも何度もトイレに行かなくてはいけないですし、特に近くにトイレがないサブグラウンドで練習をするのが不安なときもありました。頻度こそ減っていったとはいえ、2年以上が経ったいまも完全に以前までの排便の頻度に戻ってはいません。食事をするとすぐに便意が迫ってきて、それを感じてから我慢できなくなるまでの時間が、病気の前よりも圧倒的に短くなりました。慣れていき、毎日の生活リズムに組み込んでいくのは、僕のように比較的自分のタイミングで動くことができる業種の人間でさえ大変なことでした。

一般の方で、朝晩の通勤が電車であったり、長時間に渡って席を外せなかったり、自分が行きたいタイミングでトイレへ行けないようなお仕事をされている方にとっては本当に大変なことです。そしてきっと周囲にもなかなか打ち明けづらいことだと思います。

先生が僕に「リアルを伝えてほしい」とおっしゃったのも、これまで診てこられた多くの患者さんがそこで壁にぶつかり、何とかして職場への復帰を果たそうとしても、残念なことに同じ仕事を続けられなくなるという姿をご覧になっていたからだったのです。

僕が「支えてくださった周りの方々のおかげです」と語ってきたのは、ただ励ましていただいたり、優しくしていただいたりしたことに感謝をしていたわけではありませんでした。リアルな部分では「できないこと、しんどいこと」が顕著に現れていましたが、僕はたまたま阪神タイガースという職場の環境、周囲の皆さまに恵まれたことで、事情をご理解いただき、支えていただいてグラウンドへと送り出してもらっていたのでした。決して偉そうなことは言えませんが、大きな病気を経験されるすべての方たちを柔らかく受け止め包み込んでくれるような社会、職場の仕組みになっていってくれたらと、切に願います。僕が悩んだことをそのままお伝えすることで、同じような病気、症状で苦しむ方に寄り添ってくださる方が一人でも増えるのならば、本当にうれしいことです。

待っていてくれた、あこがれの人たち

19年の暮れには、どんなときもタイガースのことを愛してくださる、俳優の渡辺謙さんとお会いする機会も頂戴しました。急性骨髄性白血病、そして胃がんと、大きなご病気を乗り越えて、なお世界で活躍される姿は僕もずっとテレビ画面やスクリーンを通して目に焼きつけていました。僕が病気を公表した1月には、ご自身のツイッターですぐにエールを送ってくださって、とてもうれしかったです。その日から「渡辺謙さんが見守ってくださる甲子園でまたプレーするぞ！」ということも、大きな目標となっていました。多くの方と同じように、僕にとってもまぶしく輝くスターそのものでした。

オフに入り、お声がけいただいて、いよいよお会いすることができたこの日には、ご自身の病気の経験を踏まえてのアドバイスをくださり、激励のお言葉もかけていただきました。もちろん「タイガースの優勝を待ちわびているぞ！」という熱い思いも、しっかりと受け取りました。僕が企画していたチャリティーイベントにもご賛同いただき、一緒にお写真も撮っていただいて、忘れられない時間となりました。

そして「帝京魂」を改めて注入してもらったのも、このオフのことでした。お正月のテレビ番組『とんねるずのスポーツ王は俺だ!!』（テレビ朝日）における大人気コーナー「リアル野球BAN」に、初めて出演させていただくことができたのです。子どものころからずっとあこがれていて、プロ入り後も「いつか出たいな……」と思い続けていた〝カラフルな〟あのグラウンドへ、帝京高の大先輩のとんねるずの石橋貴明さんからお声がけいただけたことで、ついに立ってしまいました。

石橋さんも、僕が病気を公表すると同時に「1日も早くグラウンドに戻ってこい！」というメッセージをくださっていました。病気になる以前からずっと気にかけてくださっていた優しい方でしたが、このときも本当にうれしくてたまりませんでした。

病気になる以前の故障続きで苦しかった時期も、病気からの復帰を目指したときも、帝京高で胸に宿した「魂」が、僕の中で燃え続けていたことは間違いありませんでした。先輩方が築いてこられた伝統に泥を塗ることがないよう、3年間悔いのないよう取り組んだこと、前田三夫監督の厳しい指導に耐え抜いてきたことが、ずっと誇りであり自信でした。

会場へ着くと石橋さんも、同じく大先輩の吉岡雄二さん（現・BCリーグ富山監督）も、杉谷拳士さん（日本ハム）も、1学年後輩の山﨑康晃（DeNA）も一緒で、先輩方の面白さについていくことに必死でしたが、収録であることを忘れてしまうような楽しい時間を過ごさせていただきました。「チーム帝京」のもうお一方、ゴルゴ松本さんは熊谷商高のご出身ではありますが、実は生まれが僕の出身の寄居町とお隣の深谷市で、そういった意味でも皆さまとありがたいご縁がありました。

相手チームには二松学舎大付属高の鈴木誠也選手（広島）も、オールスターでお話しさせてもらった山田哲人選手（ヤクルト）もいました。あこがれの先輩方と、最高の野球人たちと、勝負をしながらも思い切り楽しんだらいいという点では、まさに1年で2度オールスターに出場できたような気持ちになる夢舞台でした。

シーズン終了後には「NPBアワーズ」というMVPやベストナイン、各タイトルが表彰される栄えある舞台にも招いていただきました。がんからの復帰で「セ・リーグ特別賞」を受賞したのです。僕が歩んできた病気からの道のりを、また多くの方に知っていただく機会になるという意味でも、大変ありがたく光栄なことでした。

おこがましい言い方になってしまうのですが、僕は自分がこの日に〝導かれていた〟のではないかと、また不思議な力を感じてしまいました。同じタイミングでステージに立つことができた方々の顔ぶれが、新人特別賞を受賞したチームメートのチカ（近本光司）と、最優秀監督賞を受賞された巨人・原辰徳監督、そしてこの年限りで現役を引退し功労賞を受賞された阿部慎之助さんだったのです。

約17年前の冬の日、小学5年生だった僕が生まれて初めて直接対面することができたプロ野球選手が、他ならぬ阿部さんでした。そんな方が長年にわたる偉大な活躍を称えられる場に、一緒に立つことができるなんて——。

控え室で、僕は勇気を振り絞って阿部さんに伝えました。「実は小学生のころ、熊谷のデパートで阿部さんのサイン会に参加させていただいたんです……」と。すると阿部さんは「熊谷、行ったわ！」と、なんとそのサイン会のことを思い出してくださいました。僕はまた天にも昇るような心地で、地元の親友やみんなに自慢したいような気持ちになって、野球少年だったころの自分に完全に戻ってしまいました。

「早期発見」への願い

皆さまの思いがこもったたくさんのお守りや千羽鶴などは、ずっと大切にお預かりしていましたが、この年末に神社へお参りし納めさせていただきました。

僕たち家族だけでは到底歩めない道でしたが、近くでも、遠くでも、いつも支えて見守ってくださる方々がいたおかげで進むことができました。命を救ってもらい、また好きな野球にこんなにも打ち込ませてもらうことができて、僕より幸せな野球人はこの宇宙のどこにもいないはずだと、いまも心から思っています。

本当に幸運でありがたいことに、僕はこの先も「人生」と「野球人生」を歩んでいくことができそうです。「使命」を胸に戦い続けていきます。20年からは新型コロナウイルス感染症が猛威をふるい、世の中が一変してしまいました。僕たちは野球をプレーすることを続けさせてもらっていますが、がんや持病を抱えられている方々が日々どんな不安な思いで過ごされているかと思うと、胸が痛いです。一刻も早く元の世の中に近づいていくように、ただただ願っています。

多くの方が不安を抱えて生活をされている中で、仕方がない面もあると思うのですが、僕にはどうしても皆さまに〝お願い〟したいことがあります。「コロナ禍により本来必要な受診まで控えてしまう人が増えている」というニュースをテレビ等で目にしましたが、感染に十分に注意を払った上で必要な診察だけはなんとか受け続けていただきたいのです。

コロナ禍でなくても、お医者さんへかかることが億劫だという方は多いと思います。そこへ「感染するのも怖いし……」という理由が加わってしまうと、さらに足が遠のいてしまう面もあるかもしれません。ただ、がんと闘うには何より「早期発見」が重要です。

ステージも病状も進んでしまって間に合わない、というのはご本人にとってもご家族にとっても本当に悔しくショックなことです。僕も本当にギリギリでした。あと少し放っておいたら、こうしていまお話しすることができていたかどうかも分かりません。元気なうちに健康診断、人間ドックを受けることの大切さを、誰よりも身をもって体験しました。

病気のことを伝えたときに、同期のアキ（秋山拓巳）が「俺も人間ドック行かなアカンな」と話してくれていたことも記しましたが「原口がなんとか助かったから」「原口が人間ドックへ行けと言っているから」というきっかけで、実際に病院へ行ってくれる方が僕の周りでも少しずつ増えていきました。こうして僕が、自分の病気のことを話すのをきっかけに、さらに病院へと足を運ぶ方が増えていってくれれば、本当にうれしいことです。

世の中を変えてしまった新型コロナウイルス感染症は憎いですが、見つけられる病気を見つけられず〝妨害〟されてしまうことだけは、何とか避けていただきたいです。

僕にしか背負えないもの

20年シーズンは6月に開幕する変則的なシーズンとなりましたが、僕が残すことができた数字は出場48試合、打率・278、3本塁打、19打点というものでした。この年から本格スタートとなった「チャイルド・ケモ・ハウス」への寄付は「(20安打＋19打点)×1万円」で、39万円を贈る形となりました。

大事なのは金額ではないことは分かっていましたが……。やはり「ちょっと少なすぎるな」と悔しさばかりが残ってしまいました。目標としているところは、レギュラーでたくさん打ち、チームの勝ちに貢献して、胸を張ってたくさんの寄付をすることなので、まったく満足できる年ではありませんでした。何より、このコロナ禍で子どもたちに会いに行けなくなってしまったことも悔しくて「次にみんなに会いに行くときまでに、絶対にもっともっと活躍するぞ！」と、練習に思いをぶつけていくしかありませんでした。

シーズンを戦いながら頭の中が野球でいっぱいになっているときには、自分が病気であったことを〝一旦脇に置いて〟しまい、常に意識できていない自分に、ふと自分で気がついたりもします。あの19年の日々から年月が経っていけばいくほど、多くの方にとって僕が病気だったことが「過去」になってしまうのは仕方がありません。だからこそ、僕は「使命」を果たすことを意識し続けていかなくてはならないと、自分自身に言い聞かせています。

21年の6月8日から日本ハム3連戦で札幌を訪れた際にも、「使命」をまた強く感じさせてもらう出会いがありました。試合前のグラウンドへ出ていったタイミングで、日本ハムファンの女性が応援ボードに僕へのメッセージを記して掲げてくれていたのです。

はじめは遠くてよく見えなかったのですが、お願いするとグラウンドの近くまで降りてきてくれました。コロナ禍の影響もあって残念ながらお話しすることはできませんでしたが、身近な人が僕と同じような病気を経験して僕のことをずっと励みにしてくれていたと、書き込んでくれていました。

励みにしてくれていたことも、直接伝えようとしてくれることも、本当にうれしくてたまりませんでした。阪神が北海道まで遠征に行く機会はなかなか訪れません。もしかすると、ずっとこの交流戦のタイミングを待ってくれていたのかなと思い、また熱い気持ちがこみ上げてきました。

見つめてくださる方々のためにも、僕はこれからも一軍の舞台で戦力になり、活躍

2021年6月8日の日本ハム戦で同点の９回に値千金の勝ち越し打。この３連戦中には、原口の活躍が励みになっていることを伝えるために、スタンドから応援ボードを掲げてくれたファンとの出会いもあった

を届けていかなくてはなりません。

いまでもファンレターなどでメッセージをいただき、ご自身や家族が病気で……というお話を聞かせていただくことがあります。僕の姿から何かを感じてくださる方々がいるのに「最近の原口はどうしているんだろう？」と思わせてしまうわけにはいかないのです。

僕にしか背負えない「大腸がんから復帰してグラウンドに立っている」という事実を、僕はこの先も一生背負って戦っていきたいと思っています。

20年9月12日の朝、僕たち夫婦は第2子となる女の子を授かりました。

妻との二人三脚は、長女が歩き始めて三人四脚になり、いまではもう次女も歩き出しました。彼女たちと手を取り合い、仲良く歩んでいきます。「プロ野球選手である父として、娘たちにかっこいいところを見せたい！」という思いももちろんありますが、がんを経験した僕はもう、この人生のすべての一瞬一瞬が愛おしいものだと分かっています。そばにいられる「いま」を、一緒に全力で生きていきたいと思っています。

そして、尊敬する多くの野球人とともに、支えてくださった皆さまとお世話になった方々へ、大好きな甲子園で戦い続ける姿をお見せしていきます。

ここに立つために――。あのフレーズの通りに甲子園に立ち、皆さまが歌ってくださるあのフレーズをもう一度聞くために、どんなことにも耐えてこられました。鍛え抜いた日々が、また僕を強くしてくれました。どんなときも前向きに全力でプレーし、恩返しを続けていきます。

CITIZEN
SSK
Joshin
Tigers
Joshin
山九

原口文仁を知る人々
Side Story

01

前田三夫
［帝京高校野球部名誉監督］

いまの原口のままでずっといてもらいたい

キャッチャーにした理由

初めて会ったときから、体はまあまあ大きかったです。べらぼうな大きさではなかったですが、野球をやるには非常にバランスのいい体をしていました。最初は内野手として入ってきて、本当にいろいろなポジションを守って、三塁や外野もやらせたりしたのですが、うまくかみ合わなかった記憶があります。ただ、人間としても、スポーツマンとしても本当に貴重な人物。それが原口文仁だと私は思っています。「こういう子が育ってくれたらいいな」という、言ってみれば指導者として目標とする人物像です。会って少し話をするだけで、もう人間味がすべてにあふれ出ているようなところがありますので。長く指導者をやらせてもらっていますが、「人と接するときはこうでなくてはいけないんだな」と、こちらが勉強させられるような子です。

非常にバッティングに光るものがあったのと、あとは人間的にも素直でしたから、なんとかチームに組み込んでいきたかったのです。ちょうど、なかなかキャッチャーがいないタイミングが訪れて「やったことあるか?」と聞いたことがありました。すると「小学生のときにやっていました」と言うので、「それならば」とやらせてみたのがキャッチャーの始まりでした。気配りができる子でしたから、そういう点でも「ピッチャーには絶対にいい存在だな」という感じでした。実際にゲームに入っていっても、非常にうまくバッテリーが回っていきました。

帝京高には寮がないので、彼も入学に際してどこか学校の近くに下宿できないものかと、希望していたのだとは思います。ただ、下宿と言っても、やはり自分の力で生活するのも大変ですから。私からも「大変だけれども家から通ったらどうだ?」と彼に言った覚えがあります。当時のわれわれはよく練習をやっていましたし、朝練もありました。埼玉県の寄居から来ていた原口は、その始まりに間に合わないこともありました。「何時に出てくるんだ?」と聞くと、彼は「朝イチの電車です」と、起きるのも朝の4時台だと言うのでね。睡眠時間にしてみたら4、5時間か、もっと少なかったのかな。体のことは私もずっと心配はしていました。

さらに家に帰ってからもお父さんとティー打撃などをやっていたというから、やはりバッティングは力を付けていきましたね。特に、逆方向に打つホームランは「これはすごいな」と目を引くものでした。彼独特のスイングというのがありましたし、日々の鍛錬の中で巧さが増していくのをこちらも感じていました。

原口も他の選手たちも「将来も野球をやりたい」「高校を出てもどこかで野球をやっていきたい」という希望、目標を持ってやってきます。ですので、この高校時代から何とか体をでっかくしてやろうと。そういう考えで、ウエート・トレーニングも重視してやらせていました。ただ、やはり野球の練習をしてウエートをするだけでは、体というのはなかなか大きくならないのです。やはり食べ物と、食べる量が大事だということを私も学んでいきました。そうして、常にお弁当の中身をチェックするようになり、パンなんかを持ってきている子がいたらすぐに親御さんに電話をしたりもしていました。

「野菜が少ないよ」ということは、確かに原口の持ってきていたお弁当を見て、指摘させてもらったことがありました。お母さんにはとても大変な思いをさせてしまったでしょうし、お父さんも日々大変だったかと思います。技術も向上し、甲子園に行って、そこでも活躍して全日本にも選ばれて、プロから指名されるような選手になって。本当にご家族がよく協力してくれたおかげで大成できた選手であったと、私も思っております。

感心させられた原口の行動

チームが下り坂のときはどうしてもありました。そういうときでも彼はみんなと冷静に話をすることを心がけてくれていたように思います。口調も冷静さを保ったまま指示をして。どういう場合や状況でも落ち着いて冷静な面が当時からありました。

個人的には怒ることも多かったです。リード面でも打たれたら叱っていましたし、バッティングでも強引に引っ張るような姿を見ればいつも怒鳴っていました。そういう場合でもやっぱり彼は冷静で、とにかく「すいません」という感じでした。こちらが言うことに必死でうなずいていて。「ホンマに分かってんのかな?」と思えてしまうこともありましたが、表情やその後のプレーを見たら、やはり分かってくれていましたね。不貞腐れたり、そういうのが一切ない。素直だから飲み込んでくれるし、こちらの言うことに対しての反応も飛び抜けてよかったです。

原口だけでなく全員に言ってきたことなのですが、私は「とにかく思ったことはノートに書いておけよ」「バッティングでも守備でも、気づいたことはメモしておけよ。それが自分の財産になるからな」と口酸っぱく伝えていました。その点でも原口には感心させられたことがありました。

3年夏の甲子園が終わると、彼は全日本に選出されて私の元をしばらく離れていたのですが、チームを率いてくださっていた大藤敏行監督（元・中京大中京高校監督、現・享栄高校監督）が、その大会後に私に会ったときに「いやぁ原口君はすごい。素晴らしいですよ」と言ってくださるわけです。また、高野連の方たちも口々に同じようなことを言ってくださった。話を詳しく聞くと、初めて組むことになる投手一人ひとりの決め球などを把握してノートに書き留めておくために、原口が各選手の部屋を訪ねて回っていたと言うのです。

「どこへ行っても、そうやって続けてくれているんだな」と非常にうれしくなりましたよね。そのような姿勢と態度でしたので、周囲の方たちからの評価も、おのずと高まっていきました。

プロの世界に行っても

プロ入り後は腰を痛めたり、そういうのがやっぱりありましたのでね。毎年、学校には顔を出してくれていましたから、とにかく故障したら無理をしないで、治してね、それこそ「慌てないでやるんだぞ」と話をしていました。そうやって面と向かって語ると、やはり高校時代と同じで、噛みしめるようにしてうなずいて聞いていましたね。

原口は毎年来てくれていたんですけども、あのときも私は感激させられてしまいました。目の前で、後輩の高校生たちがみんなしてグラウンドを走っているわけですよ、冬の練習で。そうすると、キツそうな顔をしている子に近づいていてね、原口が「ナイスラン！ ナ

帝京高時代の原口。強打のキャッチャーとして攻守でチームに欠かせない存在だった

「ナイスラン！」と、一生懸命に言ってくれていたわけです。もちろん指導などはできないルールなんですけども、そんなふうに声をかけてくれるんですよね。

他のOBたちも来ていたんですけど、あれはなかなかできることじゃないですよ。私はそのときに改めて「いやぁ彼はすごいな、素晴らしい子だな」と思わされましたね。よく走った、よく頑張ったと。ナイスラン、ナイスランと、そういう心からの言葉をかけてやれる。あのときにもやっぱり彼の人間性が出ていましたよね。原口自身も選手として苦しい時期だったかもしれないですけど、本当にいいやつだなという気持ちで見ていました。

最初はなかなか一軍の舞台は遠かったですけど、プロですからね。そんなに甘くはありませんから。とにかく「通用するかな」という心配はずっとしておりました。ただ、私が甲子園へ高校野球の解説に行きますと放送局の方だとか、他にもマスコミの方たちから原口に関しては悪いことを一切聞かないんですよ。非常に彼の良いところばかりをね、皆さんが口をそろえて言ってくださって。「原口君というのは本当にいい子ですね」「前田監督、あれは素晴らしい青年ですよ」と言ってくださる。常にそういう声を聞かせてもらっていましたので、たとえ一軍で姿を見ることはできなくとも「頑張っているんだな」という感触は、ずっと私も得ていましたよね。そういうこともあったので、いざ表舞台に出てきたときには本当にうれしかったですよね。

病を乗り越えた先に願うこと

病気のことを知ったときには、すぐに電話することができなかったです。ショックだろうと彼の心情も考えたし、私自身もショックでした。どうしても激励になってしまうと、聞かされるほうも嫌かもしれないし、電話をすれば私ももう「頑張れ」としか言えないから。非常に躊躇した覚えがあります。でも、これじゃあ駄目だと。声も聞きたかったし、少し時間が経ってから「やはり激励をしなきゃ」と思い直しました。退院してしばらくしてからだったかな。電話をして、案外明るい声だったので、ホッとしたのは事実です。詳しい病状を私にも教えてくれました。普通だったら気が滅入ってもおかしくないところですけど、やっぱり原口はそうではなくて、私に話をするにも心配をかけないような伝え方をしてくれてね。そんなときにも原口特有の、気配りできるところが出ていたと思います。「大丈夫ですよ！」と。「こういうふうな段階ですけど、僕は頑張りますから！」と教えてくれて。心配していたのですが、逆にこちらが慰められてしまいました。

帝京高での練習を耐えてきたから、どんなときも耐えてこられたと原口が言ってくれることがあります。相当、厳しくやったことは事実ですし、睡眠時間も少なかったでしょうけど、よく頑張ってくれた。それを自分が苦しいときに思い出してくれるのであれば、指導者としてみれば感無量なことです。

プロというのは本当に甘くない世界ですし、年々、そして日に日に下からもどんどんとフレッシュな活きのいい選手たちが出てくるだけにね。もうすぐ原口も30歳かな。いくつになってもやっぱり自分を失わないで、原口らしい姿勢で野球に取り組んでもらいたいと思いますね。それこそが後輩たちのため、チームメートのためにもなるし、プロ野球に身を置く1人の選手としての良い姿勢を見せてくれれば、プロ野球の発展にもつながります。そういうことを託せるだけの、人間的にも非常にいいものを持っている子ですから。自分の姿で、やっぱり突き進んでもらいたいです。本当に心から願うのは「いまの原口のままでずっといてもらいたい」ということ。僕から彼に一番伝えたいのはずっとこの言葉です。

Profile

まえだ・みつお●1949年6月6日生まれ。千葉県出身。選手時代は木更津中央高―帝京大でプレー。指導者としては大学卒業後の1972年から帝京高野球部監督に就任。78年春のセンバツで初の甲子園出場を果たす。以降もその手腕でチームを何度も甲子園に導き、全国優勝3度の名門に押し上げた。2021年夏の東東京大会を最後に勇退。現在は名誉監督。

02

岡本育子［フリーアナウンサー＆フリーライター］

原口選手の野球人生は きっと誰かのためにあるのだと

原口文仁選手と初めて会ったのは２００９年12月６日、兵庫県西宮市にあるタイガース選手寮・虎風荘でした。新入団発表会を翌日に控えた新人選手たちが甲子園と鳴尾浜の球場や室内練習場、最後に寮を見学したあとの囲み取材で、私はドラフト６位の原口選手を担当したのです。一生懸命、真摯に答えてくれた好青年という印象は、12年経った今も変わりません。年が明けて10年１月に入寮した虎風荘で原口選手は、一軍で活躍した16年の11月まで７年間を過ごしました。この居住年数は、長いと言われた井川慶投手や林威助選手の６年を上回る、現虎風荘の最長記録です。そのせいか、原口選手といえば鳴尾浜でバットを振っていた姿がまず思い出されます。

絶え間なく努力を続けられる人

夏の夕暮れ、すべての練習を終えて引き揚げる平田勝男二軍監督が、室内練習場から響いてくる打球音に気付いて「いま、誰が打ってる?」と我々に問いかけ、すぐさま「いや聞かんでも分かるわ。フミやろ?」と自身で完結させる、そんな場面を何度も見ました。平田監督だけではありません。二軍監督を務められた掛布雅之さんや、歴代コーチの方々もそうです。

とにかく練習、いつも練習、見れば練習。チーム本隊の遠征に参加できず、鳴尾浜で残留練習する際も絶対に手を抜きません。朝早くから室内練習場で打ち込み、夕方には志願してスローイングを繰り返す。まるで〝努力がタテジマを着ている〟と言ってもいいくらい。なのに本人は努力という単語を敬遠します。それどころか周囲の評価が心外な様子ですらありました。

「努力? うーん……努力はしていないですよ。やらなきゃいけないから、やっているだけなので」

人は、願うだけでは夢をかなえられません。いくら願っても、努力しなければ目的地にたどりつけない。だからこそ、絶え間なく努力を続けられるのは原口選手の武器だと思うのですが、彼にとっては当たり前のことなのですね。それどころか、与えられた試練にも意味があり、乗り越える姿を見てもらうことこそ自身の使命だと言います。

そして生まれ持った性質なのか、あえて意識してのことなのかは今でもよく分からないのですが、原口選手って〝不〟の付く言葉を口にしませんよね。不平、不満、不足というたぐいを聞いたことがないのです。そんなイメージさえも似つかわしくない気がします。当てはまるとすれば〝不屈〟の文字ぐらいでしょうか。

でも一度、たった一度だけ、不安定に揺れる瞳の奥を見たような瞬間がありました。14年の秋、島本浩也投手が支配下登録されると分かったときに「僕はまた来年も……」と。あまりに意外だったから、胸をつかれた記憶が残っています。ただ本当に一瞬、いや瞬きよりも短いものでした。すぐいつも通りの笑顔で「また頑張ります!」と言ったので、気のせいだったのか、と思うくらいです。

「頑張ります」は定番ですね。みんなが言うことですけど、原口選手は願いがかなって支配下に復帰し、一軍で3割を打っても「まだまだ頑張ります!」と繰り返しました。ケガをしても、病気になっても同じです。いいときも、そうでないときも、変わらず穏やかにつぶやく「頑張りますよ」。自分自身へのエールなのかもしれませんね。

寄居町の方々

この12年の間には原口選手のおかげで、彼の人となりが表れるような素敵な方々との出会いもありました。まず、原口選手が小学4年生から所属した寄居ビクトリーズ(のちに城南キングフィッシャーズ、現在はキングフィッシャーズ)で長らく代表を務め、15年10月に発足した『原口文仁後援会』の会長でもある田中静雄さんです。「根性のある子でね。私に怒られて涙を見せなかったのは、長い歴史の中で彼ともう1人しかいないですよ。それに冷静で、野球の頭がいい。初めての県大会でも、相手チームの四番打者が打席に立ったとき、バットに必ず入っていなければならない少年野球用のマークがない、と審判にアピールしたんですよ」という話もお聞きしました。

さらに「素直で謙虚、それと頑固でもあります。自分で正しいと思ったらキチッとやる子。正直言って彼は私の誇りです。長年やらせてもらって、社会に出ていく子どもたちを大勢見ていますが、その中でも飛びきりですね!」とおっしゃいました。原口選手が一番大事にしていることは『素直、謙虚、感謝』の3つですから、そう言っていただくのは何よりうれしいと思います。

続いて、現在のキングフィッシャーズ監督で、当時コーチをされていた藤村政嗣さんは「洞察力がすごかったですね。相手チームのサインを見抜いてアウトにしたこともあって。いつも野球のことばかり考えていたと思いますよ。また強さと優しさを併せ持っていた」という印象です。そのエピソードを教えてくださいました。「彼が6年のときに埼玉県北部の結成記念大会で優勝したんです。その表彰式で、大会直前に入団したばかりの同級生がいて、その子のメダルがなかったため自分の分をかけてあげていました。自分には別の（個人）賞があったからと思いますけど、常に周りを見られる子でしたね。空気を読んで。それも洞察力でしょう」

そのころからバッティングがよくて「6年生ではずっと四番。大事なところで打ってくれていました。今のバッティングフォームを見ていると、体はあのころと全然違うけどインパクトの瞬間とか同じなんですよね」と、微笑む藤村さん。変わらないものなんですね。

中学に入って所属したのが寄居リトルシニア（現在は深谷彩北リトルシニア）で、当時もいまも監督の常木正浩さんに伺うと「原口がプレッシャーに強いのは昔からです。チームを作って二十数年になりますが、チャンスでの強さは歴代ナンバーワンでしょう。練習はいつもニコニコしていたことしか記憶にないですね。誰にも負けない量を、イヤな顔せず楽しそうにやっていた」そうです。

「とにかく〝痛い〟と言わない。腰が痛くてファーストさえ守れない状態でも『何ともないです！』と出たがりました。そういうのは、だいたい親御さんが申告してくるんですよ。例えば『ウチの子、腰が痛いみたいで……』って。でも原口のところは親御さんも、本人もまったく言わない。逆に珍しかったですね」

続けて「1人の野球選手としてもすごいけど、心配りができて、人間的にも本当にいいヤツ。私の誇りで

原口のあきらめない姿は多くの人に力を与えている。岡本さんも大きなパワーをもらった1人だ

す」と、やはり常木監督も同じ言葉。それを表すような出来事が2年前にもありました。原口選手はプロ入りの際、これまでの感謝を込めてキングフィッシャーズと深谷彩北リトルシニアに寄付をしており、それでキングフィッシャーズは25人分のユニフォームのズボンを作っています。一方、深谷彩北リトルシニアは練習時のネットやケージなどを購入し、荒川河川敷の川本グラウンドで使っていましたが、19年10月の台風19号ですべて流されてしまったのです。

選手たちやご家族、関係者の方々の絶望感は計り知れないものだったでしょう。それを察した原口選手は休日を利用して、現地を見に行ったそうです。誰にも告げずに。常木監督は「落ち込む子どもたちを励まし、お見舞いまで……。あのときはフミが、小さいころにテレビで見たウルトラマンみたいに思えた」と感激の様子だったのを思い出しました。

幼なじみたちの証言

16年のオフから地元で行っている野球教室にお邪魔した際、原口選手が「僕の親友」と紹介してくれたのが同級生の正木裕人さんと戸澤秀志さん。小学校と中学校が一緒で、戸澤さんに至っては小学校6年間ずっと同じクラスだったそうです。正木さんは「オフは毎年帰ってきて、ウチの実家にも来ますよ。ただいま～!!って」と笑っていました。

小学4年から3年間は野球チームも一緒だった幼なじみ。語っていただいたのは、まず6年時のケンカについてです。戸澤さんが「文仁って怒ったり、ムカついたり態度に表さないんですけど、一度だけ裕人とケンカをしたんですよ。めちゃくちゃ怒っていて、あれはすごかった！　いまでも覚えているくらい。文仁がキレているのを見たのは、多分あれが最初で最後ですね」と話してくれました。

そこは当事者の正木さんにも聞いてみましょう。「確かカラーボールで野球をしていたとき、自分がふざけて強く投げたら文仁の顔に当たって、やり返されたんですよね。それで取っ組み合いのケンカに。最後は自分が下敷きになって負けました（笑）。でも翌日すぐに仲直りしていますよ。ケンカしたのも、あれが最初で最後」。なるほど、やり返したんですね。文仁少年も。

原口選手のプロ入り後も変わらず交流は続いていて、正木さんは看護師（手術室勤務）、戸澤さんが柔道整復師（19年末に開業）となった今も、よく3人でテレビ電話をしているとか。独身の戸澤さんは、結婚して子どももいる2人について「裕人が、きょう文仁と西松屋へ行ってきたよ〜なんて言って〝マウントを取ってくる〟んですよ」と苦笑いでした。

そして、いつものように電話がかかってきて、予想もしなかったことを聞かされたのは19年1月。正木さんは「ものすごく明るい声で『報告がありまーす！原口、がんになりました』って言うんですよ。ハイテンションのまま。僕は実家にいたので、いつものようにスピーカーにしていたから、家族みんなシーンとなってしまって……」と振り返ります。

戸澤さんは「いつもと変わらず明るい感じで『お疲れ！』と言って、その流れで『がんになっちゃった』と。がんという重い言葉と、電話で話す普段通りの雰囲気が違いすぎて。何と返していいか分からず戸惑いました」とのこと。「とにかく顔が見たくて、お見舞いに行こうと」大阪へ向かったそうです。「手術後だったので少し疲れていましたね、さすがの文仁も。ただ歩行練習に付き合って院内を歩いたりしていると、やっぱり顔つきが変わる。リハビリという意識から、これで野球をやれるという思いだったのか」と戸澤さん。

さらに「もしかすると連絡してきたときにはもう、野球ができるって確信があったんじゃないかと思います。言葉に迷いがなかったので。復帰してグラウンドに立つ自分の姿を想像していたはずです」と続けました。また正木さんは「退院する日にお見舞いに行ったら、テレビで阪神のキャンプ中継を見ていた。野球のことしか眼中にない」と笑います。

その年の6月4日の復帰戦はテレビで見ていたという正木さん。「俺、普通に泣いていましたよ。戻ってすぐ試合に出てヒット、そのあと甲子園でサヨナラ打、おまけにオールスターで2本もホームランを打って。運も場面も味方にしたような、まさに文仁の年でしたね。心をつかまれる。文仁は人の心をつかむのがうまい」

戸澤さんも「結果は知っていたんですけど、裕人が送ってくれた動画を見たときは、さすがにぐっとこみ上げてきました。いま思い出しても、ちょっと……きちゃいます」と言葉に詰まった様子でした。「まず帝京高に入ったことがすごい！　そこでレギュラーを獲って、しかもキャッチャーで、夢の舞台である甲子園に出たってことがすごいと思います」

それから「文仁って、努力を見せないんですよ。つらいとか、弱音も聞いたことがない。ネガティブな言葉すら口にしない。やっぱり野球が好きなんでしょうね。小学校のころからです。あえてそうしているのか、それが自然なのかは分からないけど」という話がありました。正木さんもまったく同意見です。「本当に我慢強い。どこか痛いとか、俺らにも本当のところは言わない。そういうヤツなんです」

そんな親友のお2人から、1つクレームもあります。どうやらオフの帰省中に行う自主トレが問題だとか。「キツイからやりたくないんですよ～！　この前なんか次の日に体が動かなかった。最初から全部、自分と同じことをやらせますからね。僕らは高校までで野球をやめてるんですよ。無理でしょ」と訴える戸澤さん。手伝うだけじゃないんですか？「違いますよ。なぜか僕らも練習する側に回っている。バッティングも一緒にやれと言うんです。寒い中、しかも木のバットに硬球ですよ！　手が痛いって。あいつはドSです！」。もちろん正木さんも「自分は余裕でこなして、苦しんでいる僕たちを見て笑っている。ドSです！」と。別々に話を聞いたにもかかわらず、見事なシンクロ具合でした。

後輩たちの証言

次に、帝京高野球部の1学年下で日本製鉄鹿島・島田直人さん（現・マネージャー）のお話もご紹介します。「朝練で500本、放課後の練習でも締めに500

本の素振りを毎日、全員でするんです。正直、練習で疲れて惰性になったりするものですが、原口さんは1本も抜いたところを見たことがない」

こう断言したあと「試合に出られずベンチで応援する選手たちのために打ってくれました。いまも期待してくれる人や病気と闘う人のために頑張っていると思うし、家族や支えてくれる人のために努力できる人。それが僕らにも伝わります」と、島田さんは熱く語ってくださいました。また本文にも出てきますが、同じく1学年下でキャプテンだった小林孝至さんは「島田も俺も、原口さんと一緒に練習をやらせてもらったんですけど、後輩にもお礼を丁寧に、ほんと丁寧に伝えてくれる。だから僕らのために打ってくれた！　と勝手に思っています。とにかく自分のためだけじゃ、あそこまで練習できないだろうってくらいやる人」と、やはり熱い証言。

「原口さんは、誰かのために打つ人です」

後輩のお2人が口にされた、この言葉ですべてを表せる気がしました。これまでも、これからも、原口文仁選手の野球人生は、きっと誰かのためにあるのでしょう。それを見せてもらえることに感謝しています。多くの方々と出会わせていただいたことにも。

心からの感謝を込めて

もうひとつ感謝すべきことがあります。私事ですが、21年1月に大腸の内視鏡検査をした際、早期のがんが見つかったのです。虫の知らせというのでしょうか。年明けにほんのわずかながら兆候があったため検査を受けたところ、除去したポリープの1つが悪性だったとか。先生に「あと0・15ミリのところで、今回はギリギリセーフです。いま調べて本当によかったですよ！　あと半年遅ければ……」と言われて胸を撫でおろしました。

その場で取り切れたのですが、リンパ管へ転移していないかどうかCT検査も受けて、問題なしという結果が出てから原口選手に伝えました。すぐ、本当にすぐ電話があり「よかった、よかったですね。早く見つかってよかった！　コロナで不安な中でも、ちゃんと病院へ行って本当によかったですね！」と何度も何度も繰り返し言ってくれるので、不覚にも泣けてしまいました。

それもこれも、原口選手に症状などを聞いていて異変に気付けたから。何よりも、気になることがあれば検査すべきだという強い言葉を思い出したからです。そうでなければ、ただでさえ苦手な病院へ行くことなく数カ月が経ち、悔やんでも悔やみきれない事態になっていたかもしれません。この場をお借りして、改めて感謝を伝えさせてください。本当にありがとうございました。

結びに

原口家の皆さまとは、ありがたいことに仕事以外でもお付き合いいただいていて、ご両親やお姉さん、妹さんにはとてもよくしていただきました。そして150センチの小さな体で原口選手を優しく強く包み込むような奥さんは、私にとっても尊敬と憧れと癒しの存在です。

実は、いつの間にか上のお嬢ちゃんから「育ばあ」と呼ばれていました。まあ原口選手のお母さんと同い年の私は、紛れもなく「ばあば」なんですけど。そんな可愛い2人の娘さんがいつかお嫁に行くときまで長生きしたいですね。これからも育ばあをよろしくお願いします。

Profile

おかもと・いくこ●フリーアナウンサー、フリーライター。兵庫県出身。MBSラジオ『太田幸司のスポーツナウ』等にレギュラー出演した縁で阪神タイガースと関わって40年余。GAORAの二軍戦中継で実況を担当してから始めたファーム取材も30年近く。2005年からスポニチ携帯サイトで『岡本育子の小虎日記』を8年間、その後はYahoo!ニュース個人で『岡本育子の新・小虎日記』を掲載中。

おわりに

「僕たちは限られた時間の中で生きている」

今回この本のお話を頂いたときは、実は「自分が本だなんて」と思い、お断りしようと考えていました。もっともっと一人の野球選手として上のレベルを目指さなくてはならないということで頭の中がいっぱいでしたし、病気からの復帰のことはあったとはいえ、まだ何も成し遂げていない自分が〝振り返る〟のは違うのではないか、という気持ちがありました。「もっと成績を残さなくちゃいけない」「まずはしっかりと活躍することで多くの人を勇気づけるんだ」ということにしか意識が向いていませんでした。

周囲の多くの方にご相談させていただく中で、徐々に考えが変わっていきました。現役を引退してから本を出版される方も多いですが、病気からギリギリのところで復帰した僕の場合は「今もユニフォームを着て、グラウンドに立ち続けている」ということに意味があるのではないかと、気が付いたのです。そして、このタイミングで僕が思いを伝えることを求めていただけたのも何かのめぐり合わせなのではないかと考え、お話を進めさせていただくことに決めました。

これまでも会見や囲み取材の場では、自分の言葉で思いを伝えてきたつもりでした。ですが、実際に本を書こうとしてみると「これは書いておきたい」「この方がいなくては今の自分はいなかった」「これを伝えればきっと勇気づけられる人がいるぞ……」とみるみる内容が膨らんでいき、締め切りも当初予定していた文字数も、大幅に超える事態となってしまいました。

歩みや思い、経験してきたこととこれから先の願いを長々と書き連ねてしまいましたが、この本とこの先のグラウンド上でのプレーを通じて、僕は多くの方に「勇気や希望」を届けていきたいと本気で思っています。

同じように病気で苦しまれている方々には「がんを経験した僕も何とかグラウンドに戻って、今ももがきながら戦っていますよ!」ということをこの本を通じて知っていただき、どんなつらいときも「原口の姿を見たら元気が出た」と言っていただけるような、そんな活躍を見せていくことをお約束したいです。

野球のことや僕のことを詳しく知らなかったという方、がんという病気のこともほとんど気にしたことがなかったという方には「26歳でがんになったのか……」ということから、病気のことを知っていただくだけでなく、世の中にさまざまなチャリティー活動があることにも関心を寄せていただきたいです。そして、困っている人や苦しんでいる人を見つけたときに少しでも寄り添っていただけたらうれしいです。

あとは、すべての方に、忙しい毎日の中でも少しだけ立ち止まって、人生や家族のことを考えるタイミングにしていただきたいと、強く願っています。

いい日も悪い日も、何もなかったように思える日も、人生にはいろいろな日が訪れます。僕はこの病気になって初めて「明日が来るのは当たり前ではないんだ」ということを実感しました。言葉では理解していたつもりだった、

「人生は死に向かって進んでいる」
「僕たちは限られた時間の中で生きている」

ということを、がんだと告げられたあの日、自分のこととして突きつけられたのです。どうしても他人のことだと思うとなかなかリアルには感じていただけないのかもしれません。でも、僕が病気になってようやく気が付いたように「もっとできたんじゃないか?」「もっと楽しめたんじゃないか?」「自分は本当にこれまでの自分に満足か?」と悔やんでしまうような人生は、他の誰にも送ってもらいたくありません。

大切にしなければならない瞬間はいつも「いま」で、大切にしなければならない人は「そばにいる」ということを、感じていただきたいです。いろいろなことがある毎日の中で、職場や家庭でうまくいかないことや、人間関係で不満や悩みを抱えている方も多くいらっしゃるかもしれません。悩めるということは生きているということで、それだけで「最高のこと」です。悩みはうまく解決する以外にも、逃げても回り道をしても、絶対にやり過ごすことができます。いまここにある命と、そばにいる人を、抱きしめて大切にしてほしいのです。

僕自身の野球人生もうまくいかないことばかりですが、僕にはどんなときにも戻ることができる「原点」ができました。生きていることがありがたい、ということです。

僕は医師から「5年間、検査を繰り返して経過観察をし、再発がなければ完治ということ」だと告げられています。2021年現在はまだ半分を過ぎたところですが、その検査で何事もないと分かるたびに「命」をいただいたような感覚になり、家族や周囲の人たちと喜び合い、生かされていることに何度も感謝することができています。

グラウンドでのプレーやこの本を通じて出会える方々の人生に、少しでも何か良い影響を与えられるとしたら、それが僕が生かしてもらうことの意味で、生み出せる価値です。もがきながらも必死で、生きられることの喜びを伝え続けていきます。

阪神タイガース

原口文仁

Profile

原口文仁 はらぐち・ふみひと

1992年３月３日生まれ。捕手。右投右打。埼玉県出身。帝京高３年の2009年に夏の甲子園大会に出場。10年にドラフト６位で阪神タイガースに入団。腰痛などの故障で13年に育成選手となったが、16年に支配下へ復帰。勝負強い打撃で18年は代打で23安打を放ち、08年に桧山進次郎がマークした代打でのシーズン最多安打の球団記録に並んだ。19年、キャンプイン直前の1月24日に大腸がんを患っていることを公表。手術、リハビリを経て同年６月４日に出場選手登録。６月９日の対日本ハム戦（甲子園）では３対３の同点で迎えた９回裏に代打で起用されると、秋吉亮からサヨナラ安打。オールスターゲームにもセ・リーグの「プラスワン投票」で３年ぶりに出場。７月12日の第1戦（東京ドーム）では代打で２点本塁打、翌13日の第２戦（甲子園）でも２回裏の第1打席でソロ本塁打を放ち、２試合連続で本塁打をマーク。その奇跡のような復活ストーリーは、全国の野球ファンに大きな感動と勇気を与えた。